超能力者・霊能力者に学ぶ

不思議な世界の歩き方

布施泰和

Yasukazu Fuse

SEIKO SHOBO

はじめに

一次元世界の住人が二次元世界を知ったときの感動は、三次元世界の人間が四次元世界を知ったときの感動よりも大きいのだろうか、と時々考える。一次元世界の住人にとっては、直線こそが宇宙のすべてである。そこに横（幅）や縦（長さ）が存在することを知ったとき、彼らは無限の広がりを感じ、感動で涙したに違いない。

幸いなことに、三次元世界に住む私たちは、横と縦だけでなく高さや深さがあることも知っている。私たちは空の彼方に広がる立体的な宇宙に思いを馳せ、そこに無限や永遠性を見ようとする。

だが、宇宙はそれで終わりではない。理論的には、私たちは時空を超える可能性があることを知っている。いわゆる四次元の世界だ。では、どうやったらそのような世界を知ったり感じたりすることができるのか。タイムマシンでも発明しないかぎり、およそ不可能なようにも思える。

私たちの祖先である古代人たちはかつて、目の前に広がる大海原を眺めながら、このように考えただろう。あの海の向こうには何があるのか。この世界に果てなどあるのだろうか、と。そこで舟を造り、大海へと漕ぎ出した。何度も失敗し、何人かは戻らず、海の藻屑となったかもしれない。やがて、誰かが海の向こうに大陸を見つけ、そのことを伝えに戻ってきた。海の向こうにはもう一つの世界が存在したのだ。

今私たちも、宇宙の向こうには何があるのかと、満天の星々を見上げながら物思いにふける。宇宙に果てはあるのだろうか、この目に見える世界だけがすべてだろうか、と。

答えは簡単だ。宇宙に果てはなく、目に見える世界だけがすべてではない。

なぜ、そう言えるのか。それは、かつて海の彼方に漕ぎ出し大陸を見つけて戻ってきた古代人がいたように、私たちの知らない四次元世界を垣間見て戻ってきた人たちがいるからだ。

ここで紹介するのは、そうした四次元世界に旅立った人たちの物語である。彼らの多くは、先駆者として、あるいは冒険者として、未知の世界へと漕ぎ出すことを決めた。彼らは常識を超えた不思議な世界が存在することを知った。しかも勇敢なことに、多くは実名でその未知の世界を語り始めたのだ。彼らの中には、信じてもらえず、社会的に抹殺されたり、失意のうちに命をなくしたりした者もいたかもしれない。それでも彼らは、語り続けてきた。

彼らは超能力者や霊能力者などと呼ばれることもある。

おそらく、彼らの貴重な体験のことを、気のせいであるとか、幻覚や幻聴であると断じる人もいるだろう。だが、本当にそうだろうか。彼らは社会の偏見と闘いながら、真実を語る勇気ある人々であるかもしれないではないか。彼らの体験をただの夢物語としておくのは、なんとももったいない。未知の世界を彼らから学ぶチャンスをみすみす逃すことになる。

そこで私は、彼らの話に耳を傾けることにした。断られてしまうケースもあったが、可能なかぎり彼らに直接会い、インタビューした。ほとんどの人は実名で応じてくれたが、仮名を条件に取材させてくれた人もいた。

超能力者や霊能力者といっても、彼らは特別な人たちではなく、悩んだり、悲しんだり、喜んだりするごく普通の人たちである。ただ違うところがあるとしたら、それは彼らが好奇心と忍耐力、冒険心に富んだ、本当に勇気のある開拓者であるということだ。

彼らの体験したことが真実であるかどうかは、読者の判断にゆだねるしかない。私には彼らが真実を語っているように思える。私は彼らを信頼して、それらの現象は何を意味するのか、自分なりの分析・解説を試みた。もちろん、それが正解とは限らない。だが、この次元の交錯する未知の世界を旅するためのささやかな道標にはなるはずだ。不思議な世界を迷わずに歩くために――。

（なお、本文中の敬称は省略させていただきました）

不思議な世界の歩き方●目次

4 宇宙とのテレパシー交信

5 アトランティスの記憶

6 幽体離脱と金星の話

7 UFO目撃！

8 秋山眞人と惑星間の転生

9 横尾忠則とUFO革命

10 北川恵子とチャネリング

11 政木和三と「自分の中の神」

12 堤裕司と人間探査

13 清田益章と魂の進化論

14 知られざる人類の歴史

15 予知のメカニズム

あとがきにかえて——筆者自身による不思議な体験

装幀●フロッグキングスタジオ
本文写真●布施泰和

心良く取材に応じて下さった数々の異才、並びにいつも私をサポートして下さる方々に捧げる

不思議な世界の歩き方

1 大地から立ち昇る龍

ラガーマンが見た龍

龍を見た男がいる。ラグビー元日本代表のフルバック今泉清《いまいずみきよし》だ。ラグビーのグラウンドで、その巨大な龍は大地から立ち昇っていた。だがそれが見えるのは、今泉だけ。そのことを信じる者も少なく、今泉はいつしか「変人」「宇宙人」のラガーマンと呼ばれるようになった。

その「変人」が早稲田大学ラグビー部四年生だった一九九〇年（平成二年）。伝統ある早明戦でのことだ。残り時間二分で二四対一二と明治大学がリード。明大の勝利は揺るがないかにみえた。しかし、早稲田が反撃する。六点差にした後のロスタイムに、今泉がボールを受けとると自陣から六〇メートルを独走。同点につながるトライを決めた。今でもラグビーファンの間で語り草になっている劇的な試合だった。そのときのことを今泉は、自分の走るコースに「光の道を見た」と証言している。

この今泉の不思議な体験は、常人にはなかなか理解できない話だ。一流のスポーツ選手はもともと、超常的な力を持っている。しかし今泉の能力は、スポーツ選手のそれというより、霊能力者の能力に近い。今泉自身、そんな自分に戸惑いを覚えていたらしく、『ラグビー・ルネッサンス』（双葉社刊）の中の生島淳とのインタビューで、米国の有名女優シャーリー・マクレーンが自分の不思議な体験を書いた『アウト・オン・ア・リム』を読んで初めて、「自分と同じような体験をしている人がいるんだ」と思うようになったと語っている。

今泉が見た龍は何だったのか。思想家中沢新一《なかざわしんいち》の『精霊の王』には、「千日行」を成し遂げた蹴鞠《けまり》の名人藤原成通《ふじわらのなりみち》（一〇九七年生まれ）が鞠の精たちに出会った話が紹介されている。

「芸能の達人たちはこの神＝精霊の実在を、超感覚的ないしは直感的にとらえていたように思える。つまり、自分の身体や感覚を、三次元の物質で構成された空間を抜け出して、そこに守宮神が住むという柔らかく律動する特殊な空間の中につないでいき、その音楽的な空間の動きを自分の身体の動きや声の振動をとおして、観客の見ている普通の世界の中に現出させていこうとしたのである」と中沢は言う。

グラウンドから湧き上がるように立ち昇ったという龍は、今泉が見たラグビーの精龍であったのだろうか。

●――龍神と翁

「この岩の向こうに天の真名井《まない》がある」――。そのとき高畠吉邦《たかばたけよしくに》(元天神人祖一神宮管長)は、心の奥にまで響く龍神の声を聞いた。高畠はそれが間違いなく龍神であったと言う。その声の指示に従って、洞窟から外に出て探してみると、そこには確かに丸くくりぬかれた岩があり、水をたたえていた。それを見た瞬間、高畠はそれが「天の真名井」であることを確信したという。

高畠吉邦は、謎の古文書「竹内文書《たけうちもんじょ》」を世に出した竹内巨麿《たけうちきよまろ》(天津教教祖)の四男だ。霊感が強く、幼少のころより釜鳴《かまな》りの神事などを司っていた。理工系の大学を出た後、造船事業や自動車修理業などをしていたが、戦後何年か経ったあるとき(戦後天津教は、GHQ=連合国最高司令官総司令部から活動停止処分を受けていたという)、竹内文書に記されている天柱石《てんちゅうせき》(富山県平村)を訪ねてみようということになった。

吉邦は車を運転、妻澄江や知人らとともに五箇山の山中に分け入り、天柱石を探した。ところが山道は曲がりくねり、まるで迷路。そこへ道端を歩いている翁《おきな》と出くわした。吉邦が道を尋ねると、その翁は「ちょうど天柱石の方へ行くところだから、ご案内しましょう」と言う。吉邦ら一行は、その翁を車に乗せ、天柱石へと向かった。

車内はギュウギュウ、道は悪路であったが、翁の案内で何とか無事に天柱石にたどり着いた。天柱石は、天にも届けとばかりに空に向かって突き出た高さ五〇メートルほどの船形の巨大な奇岩である。吉邦らはその異形《いぎょう》に興奮し、翁と澄江を置いて天柱石のそばに駆け寄り、周りを調べ始めた。

不思議なのは翁であった。後に残された澄江は、翁に謝礼をするためにお金を包もうとしてちょっと目を離し、再び顔を上げたところ、翁の姿は忽然と消えていたのだ。ほんの数秒前まで、すぐそばにいた翁がいない。澄江はあっけにとられた。

一方吉邦は、翁が煙のように消えていなくなったことも知らずに、天柱石の横にある洞窟に入っていた。吉邦はその洞窟で、冒頭の「龍神の声」を聞いたのだ。

翁は誰であったのか。思想家中沢新一によると、神話学や芸能の世界では翁は守宮神(宿神)にほかならないという。しかしそれは、あくまでも神話や芸能における象徴としての翁である。現実の世界に翁となって現われる宿神など本当にいるのだろうか。

竹内文書によると、天柱石は宇宙と地球、天と地をつなぐ、いわば神霊界の出入り口であったという。現実と神話が交わるところに龍神は現われる。吉邦らを天柱石へと導いた翁は、宿神の化身《けしん》であったのだろうか。

位山を守る龍神

ダナ平林道終点の駐車場には、一風変わったモニュメントがある。一九八四年（昭和五九年）に地元の仏師《ぶつし》、都竹峰仙《つづくほうせん》が造ったジェラルミン製の球体でできた「太陽神殿」だ。

私が初めて位山《くらいやま》（岐阜県宮村＝現高山市一之宮町）に登った一九八四年秋には、既にこの神殿は完成していた。当時はこの神殿ができた経緯をまったく知らなかったため、新興宗教の教団かなにかが、この土地を買って神殿を建てたのかと思ったほど奇異なモニュメントだ。しかし、実際にこのモニュメントができたいきさつを聞いてみると、非常に興味深い話であった。都竹峰仙は亡くなっているが、息子の都竹昭雄氏が著書『飛騨の霊峰位山』で、その由来を詳しく語っている。

それによると、すべては都竹峰仙が子供のときに体験した神秘体験から始まったようだ。

一九一一年（明治四四年）に岐阜県高山市三福寺で生まれた峰仙は、小学校を卒業後、一三歳で宮大工になろうと決心。弟子入りして飛騨各地の寺の造営に携わり、寺の欄間を彫ったりするかたわら、独学で彫刻を学んだ。

一九三二年（昭和七年）ごろ、御嶽《みたけ》教飛騨《ひだ》教会で新しい不動明王《ふどうみようおう》を製作しようという話になった。御嶽教の行者《ぎようじや》が神示を受けたところ、折敷地《おしきじ》（岐阜県大野郡丹生川村《にゆうかわ》＝現高山市丹生川町）の山中にある直径六尺の栃の木を使い、峰仙という者に不動明王を彫らせよ、とのお告げがあったそうだ。行者は峰仙という彫刻家も、そのような栃の木が山中にあることも知らなかったが、方々を探してやっと若い彫刻家峰仙と見事な栃の木を探し出した。

白羽の矢が立った峰仙には、子供のころから不思議な体験があった。夢の中で何度も不動明王が出てきたのだという。その姿を峰仙は、栃の木に刻み込んだのだ。白装束《しろしょうぞく》で身を清め、三六五日間、刻み続けた。完成したのは一九三五年（昭和一〇年）、峰仙が二三歳のときだった。

それが現在、高山市七日町の不動橋近くにある御嶽教飛騨教会に鎮座している栃目不動明王だ。身の丈四メートル八〇センチ、背中の火炎部分を入れると七メートル以上もある。ギョロリとむいた大きな目玉、右手には剣を、左手には羂索《けんざく》を持つその迫力は、初めての作品とは思えない出来栄えで、霊験《れいげん》あらたかな不動明王であるとしてすぐに評判になったという。

峰仙はその後、東京で本格的に彫刻の修業をし、戦後高山市に戻ってきた。

そして、本当に不思議なことは一九五三年（昭和二八年）に起きた。位山を開きに来たという関西の人たちを位山に案内した後、彼らが原因不明の奇病にかかってしまった。何軒かの病院で診察を受けたがまったく原因がわからない。ところが、ある有名な霊能者に相談したら「位山を案内した人こそが位山を開く人だ。その人に祈願を立てて祈ってもらえば病気は治るだろう」と言われたというのだ。

開かれた霊峰

半信半疑のまま一九五三年一一月、峰仙は位山に登った。頂上付近の手前で峰仙は「位山を守護している大龍神よ、われを使ってこの霊山を開けたもうなら姿を現わしたまえ」と祈願を立てた。すると、巨大なエネルギーを感じて全身がしびれたかと思うと、足元より大龍神が立ち昇り、「位山を開け、永年待ったぞ」という大音声が峰仙の耳に響いた。

峰仙は「私は彫刻家であり、行者のような修行もしていません。位山を開くような大それたことは遠慮させていただきたいと思います」と答えると、その声は「それはならんぞ。位山を開く時が来たのだ。それがそなたの運命だ！」「頂上の巨石の扉を開くのだ。天から指示をするからそのとおりやればよい。まず六つの法を降ろす。それを六カ月で学べ。そして最後の三日三晩は山に籠《こ》もり位山を開け！」と告げたという。

その言葉どおり峰仙は、神示により陰陽の原理、風の法、火の法など六つの法を学び、とうとう一九五四年八月、位山の頂上に三日三晩籠もり、夜を徹して行《ぎょう》を続けた。すると明け方五時半ごろ、巨石の間から巨大な火柱が天に向かって昇り、位山全体が真っ赤に染まった。こうして位山は開かれ、「日の大神様が太陽巨石の扉を開けて世に出られた」ことを知ったという。

これを受けて峰仙は、位山のご神体の制作にとりかかった。位山のヒノキの神木を使って天照日の大神のご神体を作り、一九五五年に位山頂上付近の巨石の横に神殿を建立《こんりゅう》した。しかし、この場所は位山の神々を祭る場であり、あまり足を踏み入れたくないという考えや、「新しく球体の神殿を造るように」という神示があったため、一九八四年（昭和五九年）に球体の太陽神殿が七合目に設置されたのだという。

位山には昔から大蛇が棲《す》むという言い伝えがあり、地元の人でもあまり踏み込むことのない神聖な山だったという。峰仙が見た龍神こそ、位山の守り神であったのか。なぜ今の時代に位山を開く必要があったのか。

私たちの目に見えない世界にはおそらく、ある一定の方向に流れる大きな力（意志）が存在するのだろう。それが龍の形をしたエネルギーとして見えるのかもしれない。峰仙が位山を開いた六年後、今度は神道家・金井南龍《かないなんりゅう》が台風の風が吹き荒れるなか、白山に登り、白山神界の封印を解いたのだという。一九六〇年（昭和三五年）八月九日のことだ。『神々の黙示録』（徳間書店刊）によると、そのとき

龍は実在するのだろうか

南龍は、白山神界の菊理姫《くくりひめ》の働きを元に戻すと同時に、天皇家に殲滅《せんめつ》された白山王朝（縄文系の王朝とみられる）の歴史を霊視したのだという。

龍神に出会った人々

龍神に出会ったという人は意外に多い。漫画『エースをねらえ！』の作者山本鈴美香《やまもとすみか》もその一人だ。記憶は定かではないが、確かどこかの神社で巨大な龍神を見てから巫女《みこ》になったようなことを雑誌に書いていた。

ときどきテレビに登場する国際気能法研究所の秋山眞人《あきやままこと》も龍神を見たことがあると言う。秋山が見た龍神は空を飛んでいた。大きさは何とジャンボジェット機よりも大きく、呼びかけると返事をしたという。「おそらく、この空間には目に見えない因子のようなものがあって、それが人間の額にぴたりとくっつくと、その因子が持つ影像が見えるのではないか。私が見た龍は、恐竜か何かの因子がたまたま、おでこに付いたために、まるで龍神が姿を現わしたように見えたのではないか」と秋山は言う。

秋山の仮説は興味深い。そういえば以前、岩手の座敷童《ざしきわらし》を撮ったとみられるテレビ局の

秋山眞人は恵比須様と酒を酌み交わしたという

映像にも、丸くて小さい光の玉が映っていた。これが霊界の因子であろうか。「オーブ」と呼ぶ人もいる。この因子には情報が入っていて、それにアクセスできる霊能者ならば、そこから映像を含む情報を取り出すことができるわけだ。

秋山は夜、山の中の御堂で身長二メートルはある七福神の恵比須様や、楽器を持った弁天様、その眷属《けんぞく》に出会い、恵比須様とは酒を酌み交わしたこともあるという。「まさか、七福神は空想の産物ではないか」と、私が聞き返すと、ただ笑っていた。漫画家の水木《みずき》しげるはかつて、「妖怪は人間による想像の産物ではない。目に見えない不思議な世界に実在する妖怪を、人間が持つ霊界アンテナのようなものでキャッチしてしまうのだ」という趣旨のことを話していた。そうだとすると、人間が想像したとされる妖怪も、龍神も、七福神も、実在することになる。

人間が想像した瞬間には、宇宙ではすでに想像したものが存在しているのだろうか。してみると、想像力こそ、神にもっとも近い力であるような気がしてならない。

2 西丸震哉と超常現象

ＵＦＯを呼び出した男

巷には、自称、他称を含め超能力者は多いが、社会的地位のある、あるいはあった人で自他ともに超能力者と認める人は少ない。私が知る範囲では、食生態学者の西丸震哉《にしまるしんや》、画家の横尾忠則《よこおただのり》、元大阪大学工作センター長の政木和三《まさきかずみ》の三人ぐらいだ。横尾忠則のＵＦＯ目撃や幽体離脱体験、政木和三のインスピレーションなどは凡人の私でも比較的理解しやすいが、西丸震哉の能力は超能力者の中でもかなり〝飛んで〟いる。

若い人の中には西丸震哉のことを知らない人もいるだろうから、少し彼の経歴について触れておこう。

西丸震哉は一九二三年（大正一二年）九月一日、まさに関東大震災が起きたその日に東京で生まれた。東京水産大学を卒業後、農水省に入り、食品総合研究所官能検査室長を経て一九八〇年（昭和五五年）に自主退官した。農水省時代に、人間と食べ物との原初的な関係を研究テーマにして、アラスカ、南極、奥アマゾン、ニューギニアなどの秘境を踏査。その体験と研究から、食を通じて人間の行動様式を研究する食生態学を確立した。現代人の食・環境・行動に鋭い警鐘を鳴らし続けている。

私は一九八〇年代に一度、西丸震哉に電話取材したことがある（二〇〇五年にも電話取材している）。信濃毎日新聞に彼が書いた「呼びかけたらＵＦＯ出た」というコラムを読んで、事実関係を確認したかったからだ。内容は大体、次のとおりだ。

「世の中にはＵＦＯを見たという人が大勢いる。そのすべてが地球外惑星の乗物とは限らないだろうが、これだけ多くの人が目撃しているのだから、本当にいるのかもしれない」と西丸震哉は考えた。だが、朝から晩まで空をずっと見ているほど暇ではない。

そこで西丸震哉は空に向かって「私は忙しい身の上なので、ＵＦＯが実在するなら、今から一〇分以内に空のこの辺に現われてください」と、テレパシーで呼びかけた（別の本では「なんだってズブの素人《しろうと》たち相手に出てくるんだ。マジメに考えているオレのところに出てきたらどうだ！」と脅したことになっている）。すると次の瞬間、その指定した方角である鹿島槍の右側の空中に楕円形の橙紅色に輝く光体が現われ、稜線を越えて鹿島槍の向こう側へとゆっくりと飛び去っていったのだという。その大きさは、周りの地形と比較すると九〇〇メートルはあったかもしれない、と西丸は書いている。

西丸震哉は私の取材に対して、UFOは実在するのだと言って平然としていた。西丸震哉は、不思議なことはなんでも自分で確かめる好奇心旺盛な人物である。幽霊の話、魂の帰宅実験の話、呪いの話、カラス天狗の話など彼の著作に詳しい。西丸震哉はそれらをすべて実際に体験しているのだ。

魂の帰宅実験

西丸震哉によるインドから日本への「魂の帰宅実験」は秀逸だ。秀逸というより、かなり変わっている。普通、幽体離脱であれば、意識体（幽体）だけがいろいろな場所へ自由に移動すると解釈できると思うが、西丸震哉の場合は、半分肉体も一緒に移動してしまうらしい。テレポーテーションと幽体離脱の中間といってもいいかもしれない。それは、次のような話だ。

西丸は一九六一年（昭和三六年）一二月から翌年四月までインドで学術探査した際、あらかじめ友人や家族と打ち合わせしておいて、東京とインドの間で彼の言うところの「魂の帰宅実験」をやることにした。東京の自宅に友人ら七、八人を集め、毎月一回、午後八時から九時の間に西丸が「魂」だけ帰宅し、何らかの証拠を示そうというのだ。

時差は三時間半あるので、インドでは午後四時半から五時半になる。ところが、一月と二月の二回は、その時差と仕事に熱中していたため、すっかり忘れてしまった。「これでは、せっかく家に集まってくれた人に申し訳ない」と、三回目の三月七日は時間を厳守。バンガローの一室に一人で入り込み、椅子に座って精神統一を始めた。

やり方は独特で簡単。無念無想などという境地はまず無理だから、目をつぶって、ただ「行ってやろう」の一念で集中するのだそうだ。

初めは、他の隊員が部屋の周りでガタガタ仕事をするし、犬が窓の下で吠え立てるので、意識体が旅に出て、せっかく自宅のドアの前まで行っていながら、インドまでスーッと戻ってきてしまうような無駄を繰り返した。五、六回目になって、どうにか家のドアを手でドンドン叩くことができた。ただ、周りはまったく闇のため、自分の勘と気配と記憶に頼るしかない。

鉄のドアを開けずに、そのままスッと家の中に入ることができ、便所の木戸をガタピシ動かし、なるべく音を派手に出すように努めた。廊下を通るときに、そこには何もないはずの障害物に膝をぶつけ、かなりの痛みを感じたのだが、密室に座っている西丸の本体には何の異常もなかった。

どうにか、皆の待っている座敷が見渡せるところに立ったのだが、人の気配が分かるだけで、正確にどこに誰がいるのかを認識するだけの能力がない。人とぶつかったら、どんな結果になるか怖かったので、とうとう座敷に踏み込めずに終わってしまった。その間、五時から約二〇分だった。

さて、当日集まった人からの報告がニューデリーの大使館気付けで届いた。それによると、日本時間の午後八時四〇分（インド時間の午後五時一〇分）にドアが叩かれ、家人が見に行ってもだれもいなかった。次に便所の戸がガタピシ騒がしく揺れ、西丸がインドに旅立ってから位置変えをした、便所の前の洗濯機がガタンと大きな音を立てて揺れた。やがて、座敷前の廊下に気配が移ってきたので、皆固唾《かたず》を飲んで見守ったが、とうとう、座敷に入って来ないまま、消滅してしまったというのだ。

西丸は見事に「魂の帰宅実験」を成功させたわけだ。玄関をノックしたり、膝をぶつけて痛かったりしたというのだから、半分は魂で半分は肉体であったのだろうか。西丸の体験談にはいつも驚かされる。

幽霊に気に入られた話

西丸震哉といえば、幽霊の話に言及しないわけにはいかない。

一九四六年（昭和二一年）に宮城県・釜石《かまいし》の水産試験場に着任した西丸は、毎晩のように同僚とマージャンをするなどして夜遅く帰宅する毎日だった。ある晩、いつものように家に戻る途中、コンクリート堤の上に腰掛けているうら若き女性がいた。こんなに夜遅く一人で何をやっているのだろうなどと思いながら、通り過ぎて後ろを振り返ると、何とそこにいたはずの女性がいなくなっていた。

それから四日目の晩にも、やはり同じ場所に女性が座っていた。夜間だと寒いにもかかわらず、大きな牡丹《ぼたん》の模様のついた浴衣《ゆかた》だけのカッコウだ。そして、通り過ぎるとやはりいなくなった。「さては、これは幽霊にちがいない」と考えた西丸は、今度出会ったときは正体を確かめてやろうと、通り過ぎる前に声を掛けてみることにした。

果たして、次の晩も女性は堤の上にいた。西丸はおそるおそる女性に近寄って、「お晩です」と声を掛けた。しかし、女性は反応しない。まるで西丸のことが見えていないようだ。顔を近づけてもまったく反応がない。よく見ると、非常にきれいな女性で、電灯の明かりの中、顔の産毛まではっきりと見える。ところが、指で彼女の肩を突いても、突き抜けてしまう。

これはいよいよ幽霊だと確信した西丸は、用意した棒で思い切りその女性をぶったたいた。棒は女性を素通りし、コンクリートに当たり「ガツン」と音が鳴った。何度棒を振り回しても結果は同じだった。根負けした西丸は「もう出て来るなよ」と捨て台詞《ぜりふ》を残して（本当はすごく怖かったはずだが）、立ち去るほかなかった。

西丸は心配した。見ず知らずの土地で、自分の前に幽霊が出るのは、その女性が怨《うら》んでいる男が自分に似ているせいではないか、と。そこで地元で聞き込みをしたところ、その一二年前、その場所は入り江になっており、男にふられた二七、八歳の女性が身投げしたことがわかった。しかも、死んだ女性が着ていたのは牡丹の柄の浴衣だったという。ただ、安心したのは、その女性をふった男の人相が西丸とは似ても似つかない顔つきだったということだった。

ところが、問題はここからだった。いままで何をやっても振り向いてもくれなかったその女性が、西丸の後をつけて家まで来るようになったのだ。最初は距離が離れていたが、やがて家の中に、そして西丸が寝ている枕元にまで来るようになった。追っ払おうとしても、その女性の幽霊はまったく動じない。

あるとき、西丸が寝ていると寒気を感じて目を覚ました。するとそこには、件《くだん》の幽霊が西丸の顔をのぞきこんでいた。それまでは近くにいても西丸と目が合うことはなかった。幽霊の目は遠くのほうを見つめているようだったからだ。

しかし今回は違った。西丸と幽霊の目と目が合う。幽霊は明らかに西丸の目を見ていた。しかも、ほんの数センチしか離れていない。目が合うと同時に、西丸の体温はみるみる下がっていく。慌てて布団をかぶると、少しは体温が回復するのだが、また目を開けると女性の目と合い、体温を奪われる。西丸は布団の中でまんじりともできないまま、朝を迎えた。

西丸は焦《あせ》った。「これは大変なことになった。このままでは命が危ない」。そう思った西丸は勤め先に「これ以上、ここにいるわけにはいきません」と、その日のうちに伝えて、東京に逃げ帰ったのだという（クビにはならなかったらしい）。

そんな釜石での体験から一〇年が過ぎたある日。大手新聞社の部長の紹介で、前世を見ることができる霊能者がいるから銀座で食事をしながら会ってみようということになった。その人は女性の霊能力者だった。彼女は西丸の前世を次々と話しだす。西丸はあるときは、アイヌの酋長《しゅうちょう》の息子で、またあるときは唐の時代に活躍した安禄山《あんろくざん》だったこともあるという。しかし、そんなことを言われても西丸には思い当たる節はまったくない。まあ、本当かどうかわからないが、とりあえず乾杯しようとしたそのとき、その霊能力者は「ちょっと待ちなさい」と西丸に声を掛けた。「まだ、何か見える」と彼女は言う。「あなたの後ろには牡丹の柄の浴衣を着た若い女性がいる」というのだ。西丸は驚いた。その女性は紛れもなく、西丸が釜石で遭遇したあの女性の幽霊だったからだ。

円山応挙筆の幽霊画。西丸震哉は幽霊につきまとわれた

その女性霊能力者に事情を説明すると、霊能力者はちょっと相談してみましょうと言うと、なにやら西丸の後ろに向かって「モシャモシャ」しゃべりはじめた。やがて西丸に笑顔を向け、「もう大丈夫。納得して帰っていったから、もう二度とあなたにかかわりあうこともないでしょう」と言う。

西丸はその後、釜石を訪れる機会があったが、幽霊と再会することもなかった。当時の上司や同僚と、昔の幽霊話をして盛り上がったのだという。

3 四次元世界の扉

幽霊の出現と法則

西丸震哉が見たような幽霊は実在するのだろうか。私は顔型のエクトプラズムが写ったいわゆる心霊写真は撮ったことがあるが、幽霊は見たことがない。ただ私の母が、一度だけ幽霊のようなものを見たと言っている。それは次のような話だ。

嵐の夜だった。母が雷の落ちる音で夜中に目を覚ますと、鏡台の前に見知らぬ男が立っていた。明治、大正時代のような古めかしい和服姿で、帽子をかぶり、眼鏡をしていた。その顔にはまったく見覚えがない。

その男は、別に母を見るわけでもなく立っていたのだが、やがて前方へと動きだした。幽霊には足がないとはよく言ったもので、歩くのではなく、影像のままスーッと足を動かさずに移動するのだ。

母は当然、驚いた。ところが、手も足も金縛りにあって動かない。その男の影像、つまり幽霊は、母の枕元で一瞬止まったかと思うと、そのまま直角に折れて壁の向こうに消えていったのだという。直角に曲がるとは、何と律儀な幽霊だったことか！

翌日、母のところに親戚が死んだとの電話連絡が入った。ところが母が見た幽霊は、まったくその亡くなった親戚とは似ても似つかない顔立ちをしていたという。

母は猜疑心が強く、あまり幽霊などを信じるほうではないので、昨夜見た幽霊は雷がもたらした放電現象かなにかだと言って、幽霊だと認めようとしない。しかし、断じて夢ではなかったと言う。

母が見た影像は何だったのか。放電現象にしても、雷の光の中に影像を見るとは尋常ではない。雷の光の中に、そのような情報が入っているとでもいうのだろうか。あるいは雷には情報を伝達する媒介としての力があるのか。

その影像が直角に曲がったというのも面白い。そこには何かの法則性を感じさせる。西丸震哉が見た幽霊も、毎晩のように同じ場所、同じ時間に現われたなど非常に律儀だ。以前、富山医科薬科大学和漢薬研究所の荻田善一《おぎたぜんいち》教授と話をしていたところ、岡山の方でUFOらしきものを見たことがあると言っていた。驚いて地元に人に「あれはなんですか」と尋ねると、その地元の人は「また出ましたか。よく出るんですよ」と言う。ただ、それが何だかはわからず、わかっているのは、「決まって出る」ことだけ。タイのメコン川で雨季が終わった一〇月の満月の晩にだけ、花火のように打ち上がる謎の「龍火」にも規則性がある。

母が見た〝幽霊〟といい、他の超常現象といい、いずれはその法則性が明らかにされるときが来るように思う。

●――カラス天狗と話す巫女

西丸震哉が特異な超能力者であることは述べたが、その西丸震哉をして「こいつにはかなわない」「大変な超能力者だ」と言わしめたのが、甲斐の駒ケ岳神社の巫女《みこ》・柳沢《やなぎさわ》ゑん（故人）だ。

吹雪《ふぶき》で立ち往生した甲斐駒ケ岳の山小屋で、西丸はその巫女に出会った。その巫女は山を降りるとき、西丸の心の中をことごとく読んでしまう。しかも、西丸には姿が見えないカラス天狗（刀利天）とも話ができるという。カラス天狗は、だれも知るはずがない配給所に上がってきた品物を当ててしまう。

ここで思い出すのは、源義経が出会ったという鞍馬山の天狗やスピリチュアルカウンセラーとしてテレビによく出演する江原啓之《えはらひろゆき》のカラス天狗の話だ。鞍馬山の天狗の話は義経研究家にとりあえず任せるとして、江原の話は次のようなものだ。

あるテレビ局の取材で江原がスタッフと夜、山道を戻る途中、重い撮影機材を持っているスタッフのために江原はスタッフの足をさすりはじめた。さすってもらったスタッフは、それまでの重たい足取りがウソのように、足が軽くなりヒョイヒョイと歩けるようになった。江原はそれをカラス天狗の力を借りたのだと説明していた。私が江原やスタッフに直接会って聞いたわけではないので真偽のほどはよくわからないが、おそらく霊能力者や超能力者には、凡人には見えないカラス天狗が見えるのだろう。

実際、西丸が出会った巫女と江原は非常に似たところがある。山を降りた後、その巫女と西丸の間で次のようなやり取りがあった。

巫女「あんた、お父さんは亡くなったね」
西丸「ええ、昭和19年にみまかりました」
巫女「お父さんの死に目に会わなかったね」
西丸「疎開先で急に死んだもので」
巫女「お父さんが、あんたに言っておきたいことがあるようだから、聞いてあげようか」
西丸「いや、結構です」

（西丸震哉『山とお化けと自然界』〈中公文庫〉より）

その巫女も江原と同様、死者と自由に会話していたようだ。

さらに巫女は、自分の意志で他人の夢の中に出てくることができるという。西丸が写真を送ると約束しておいて、送らないでいると、夢の中で何度も「写真送れ」と出てきたのだそうだ。ただしこれは、西丸が写真を送っていないという後ろめたさから夢を見たと解釈することもできる。

だが、その巫女のすごいところは、電話のように正確にメッセージを送ることができるということだ。巫女は西丸に大阪に住んでいる男に伝言を頼む。一応、夢で伝えてあるが、住所がわかったら西丸からも伝えておいてくれ、というのだ。西丸はその大阪の男性を探し当て、手紙で巫女の用件を伝えた。すると、先方から次のような手紙が返ってきた。

「実はその話ならば以前夢に出てきた白衣のバアさんに言われたことがある。変な夢を見たと思っていたが、事実であったとは大いなる驚きである」

夢を操る人は、おそらく実在するのだろう。アニメ『十二国記』の主題歌の作詞を担当した北川恵子《きたがわけいこ》も、他人の夢の中に登場することはやろうと思えば簡単にできると言っていた。もちろん多くの場合は、自分の潜在意識が生み出す夢なのだろう。だが、そうではない不思議な夢もある。

●――ドッペルゲンガー1

ドイツ語で「二重に出歩く者」という意味だというドッペルゲンガー。つまり別の自分(分身)が勝手に動き回るという現象は、ただの作り話だと思っていた。しかし、私が取材した人の中にもドッペルゲンガーを見たという人が二人いた。とてもウソをついているとは思えず、「ふ〜ん。そのような現象が実際にあるのかな」と思って調べてみると、なるほどゲーテやモーパッサンといった文豪が、自分の分身に出会ったことがあるという。

モーパッサンはある夜、部屋に入ってきたもう一人の自分に出会う。その分身から、当時書いていた小説の続きを聞き、それを書き溜めたのだという。モーパッサンが出会ったのは、未来の自分であったのか。

ゲーテは田舎道を馬に乗って進んでいると、向こうから馬に乗ってやってくる男に出会った。よく見ると、その男はまるで自分ではないか。ただ違うのは、自分が今まで着たことのないような服装であったことだ。もう一度確かめようと振り返ると、その男は消えていた。八年後、同じ小道をゲーテが馬に乗って進んでいるときに、そのときの服装が八年前に出会った〝自分〟と同じであることに気づき、驚いたという。

西丸震哉も同じような経験をした。西丸は岩塔ヶ原のキャンプ場で夕方、不思議な登山者姿の男に出会う。その男は、西丸たちのテントには目もくれず、二〇メートル離れた場所をどんどん歩いていく。めったに人が現われない場所と時間なのにこれはおかしい、と西丸は後を追いかけ大声で呼び止めたが、その男の姿は消えてしまった。

　それから二五年後、西丸が岩塔ヶ原のキャンプ場に再びやって来た。今度、同じやつが出てきたら、正体を暴いてやると思い、その男が出てくるのを待った。西丸はそのときまで、その男のことをこの辺りで遭難した浮かばれない登山者の霊か何かだと思っていたのだ。

　二日目の夕方。ふと目を上げると、二五年前に出会った男と同じ姿格好をした登山者が現われた。西丸はすぐに突進し、その男の進路上に立ちふさがり、両手を広げ「ちょっと待った！　キミ」と叫んだ。ところがその男は、そんな制止には目もくれず、ちょっとうつ向き加減で西丸に向かってどんどん近づいてくる。帽子を深く被っているため、顔はまだよくわからない。しゃがんで下からその男の顔を覗き込む。ほとんどぶつかりそうなところで、西丸は危ない！　と横っ飛びでその男をよけた。

　西丸はその男の顔をはっきりと見た。それは二五年前の自分であったのだ。右頬には除去する前のホクロもちゃんと付いていた。その〝自分〟は、まるで何事もなかったかのように歩いて視界から消えていった。もし、ぶつかっていたらどうなっていたのか。西丸は背筋が凍る思いがしたという。

ドッペルゲンガー2

　私がかつて取材した人の中でドッペルゲンガーを見たことがあると証言した人は、一人は画家海後人五郎《かいごじんごろう》の奥さんで、もう一人は先述した北川恵子であった。
　海後人五郎は茨城県日立市に住む興味深い人物である。私はこの海後人五郎の『毒入り詩』が大好きで、その一部をちょっとここで紹介したい。

じゅげむじゅげむ
遊ばざる者　食うべからず
戯れざる者　寝るべからず
楽しまざる者　住むべからず
笑わざる者　生きるべからず
ぱいぽぱいぽ

　その海後人五郎が自転車で外出しているときだ。奥さんは自宅で留守番していたが、外を見ると人五郎が自転車に乗って帰ってきた。ずいぶん早い帰りだなと思って、声を掛けると、どういうわけか黙っている。そして自分の部屋に入っていったようだ。ところがその一〇分後ぐらいに再び、人五郎が自転車に乗って帰ってきた。奥さんが「あれ、また外出していたの？　さっき帰ってきたでしょう」と聞くと、人五郎はずっと外出したままだったという。では、さっき帰ってきた人五郎は誰だったのか。

北川も同じような経験をした。夫が机に向かって仕事をしている姿を北川ははっきりと見たという。ところが、その数分後に寝室から出てきた夫に会う。「あれ、今仕事していたでしょう」と聞くと、いやずっと寝ていたと夫は言う。では、さっき仕事をしていた夫は誰だったのか。

こうした現象はよく、目の錯覚であるとか、他人の空似であるなどとして片付けられてしまう。しかし家の中で見たのでは、他人の空似ではありえない。では目の錯覚であるのだろうか。

目の錯覚説では、西丸震哉のケースを説明できない。西丸と一緒に登山した仲間も西丸の分身を目撃しているからだ。しかも西丸は、至近距離で自分にかつてあったホクロまで確認している。

もう一人の自分（ドッペルゲンガー）が影のように存在している

西丸やほかの目撃者の話を総合すると、どうもドッペルゲンガーは実存する現象であると言わざるをえない。なぜ、そういう現象が起こるのかは推測するしかないが、おそらく強い思いを念じて何か行動しているときに、その思いが現象化するのではないかと私は考える。たとえば西丸は、何か強い思いを描いて登山をしていたのだろう。そのときの念が強すぎて、念が物質化（あるいは映像化）、つまり自分の分身が生じてしまった。

ゲーテも何か深い物思いにふけりながら、馬に乗っていたに違いない。それが時間を超えて八年前の過去に影像となって現出した。北川の夫も、仕事をしなくてはと寝ながら強く念じたため、それが影像となって現われた可能性がある。海後も早く家に帰りたいという思いが実体化したのかもしれない。そういえば、想念が実体化してしまう『禁断の惑星』というSF映画が昔あった。

何かの強い念がドッペルゲンガーの正体ではないだろうか。しかもモーパッサンのケースにしても、ゲーテのケー

四次元世界の扉はちょっとしたきっかけで開く

スにしても、西丸のケースにしても、未来や過去へと時間を超越して現われるところが面白い。まるで想念が時間を自由に移行した、つまりタイムトラベルしたとしか思えない。

実はここに、ドッペルゲンガーやデジャビュの謎を解く鍵があるような気がしてならない。

時を超越する想念

私はあまり不思議な経験をしたことがないと書いたが、唯一、デジャビュ（既視感）現象については、子供のころから確信していることがある。デジャビュとは、行ったこともない場所なのになぜか行ったことがあるように感じたり、ある場面がすでに見たことがあるように感じたりする現象。単なる錯覚ではないかとする向きもある。

しかし、これは断じて錯覚ではない。それは私の経験からそう断言できることだ。

結論から言おう。デジャビュ現象が起きるのは、時空を超越して想念が〝共鳴〟した場合に起こる。人間は過去を思い出す。ところが時々、未来の想念（あるいは過去生の想念の可能性もある）が入ってきてしまうことがある。そのとき、何とも言えない不思議な感じを覚える。

音叉が、距離が離れていても共鳴するように、時間を越えて想念が共鳴現象を起こすのだ。それは未来の想念が現在に入ってきて共鳴する場合もあれば、今生《こんじょう》の記憶ではなく過去生などの想念が現在に入ってきて共鳴する場合もあるようだ。私の場合は前者である。

あの何ともいえない奇妙な感じ。私はそれを経験した何年か後に、同じ奇妙な感じを思い出すことから、過去の時点で今の気持ちと共鳴したために、あのとき奇妙な感じがしたのだなと理解できるわけだ。つまりゲーテが八年後に、あのときに馬に乗ってすれ違ったのは自分であることを発見したときの気持ちと同じである。言葉ではこれぐらいでしか説明できないが、感覚的には一〇〇パーセント、その現象を理解している。

このことから何が言えるか。一つは、時間は〝同時〟に存在しているということだ。私は、時間が過去から未来へと一方向に流れているとは思っていない。実は、時間は未来から現在、現在から過去へとも流れる。言い方を変えると、過去と未来と現在は同時に存在している。だからこそ、過去や未来の想念が現在の私の中に入り込んでくる。

そして最も大事なことは、現在を変えれば未来だけでなく過去すら変えることができるということだ。そうでなければ、私たちが「今」を生きる意味もなくなってしまう。

4 宇宙とのテレパシー交信

宇宙との交信

宇宙人と交信できたら素晴らしいだろうな、とはSF好きの少年ならずとも科学者をはじめ多くの人が夢見る宇宙のロマン。「宇宙人やUFOなど存在するはずがないのに、まして交信などばかばかしい」と一笑に付す懐疑的な人もいるかもしれないが、一九八六年（昭和六一年）一一月には日航機長がアラスカ上空でUFOを目撃し、大々的に報道された。

また、宇宙人と交信しようと、現実にアメリカ・バージニア州のグリーンバンク電波天文台を使った電波交信によるオズマ計画、巨大アンテナで宇宙からの信号を見つけ出そうというNASAのサイクロプス計画、ET（地球外生命）へのメッセージプレートを搭載した惑星探査機パイオニア10、11号などによるSETI（地球外文明探査）計画などがかつてあったり、現在も進行中であったりする。

では、実際に宇宙人と交信している人がいると言ったら、それを信じることができるだろうか――。

これから紹介するのは、どういう理由からか、あるいはたまたま、宇宙人との交信が始まってしまった、という人たちの話である。宇宙人の存在を信じる、信じないは別にして、とにかく彼らの話を聞いてみようではないか。

振り子で絵を描く

茨城県日立市大みか町の画家海《かい》後《ご》人《じん》五《ご》郎《ろう》は一九七四年（昭和四九年）五月、当時大阪大学工学部工作センター長の政《まさ》木《き》和《かず》三《み》（故人）が、テレビで棒磁石に銅線をつなげて作った振り子の振れ方で性格判断しているのを見て、これを絵画に応用できるのではないかと考えた。

早速、自分で振り子を作り、それを手に持ち白い紙の上で「絵を出してください」と念じた。すると振り子がひとりでにある方向に引っ張られるように動きだし、その軌跡に従って鉛筆でなぞっていくと絵が完成したというのだ。

何日か経って、試しに「宇宙音楽の楽譜」と念じて絵を描いたところ、本当に心和む楽譜のような絵が出てきた。「ならば、きっと宇宙人もいるにちがいない」と思った海後は、心の中で宇宙人に呼びかけた。その途端に振り子が反応、宇宙人との交信が始まったという。

交信は、YES、NOやアルファベットの書かれた紙や板を前に、海後が宇宙人に問いかけ、それに対し振り子が動いて答えてくれるという方法。それによると、応答したのは地球から三三〇光年離れた「ヨリズーダカ」という星に住む宇宙人だった。彼らは超能力開発装置の設計図を送ってくれたり、一九八一年（昭和五六年）七月から一年間かけて完成させた二〇号のキャンパス二〇六枚を横につなげて書いた全幅約一五〇メートルの大作「カムナガラノミチ」の制作を手伝ってくれたりした、という。

これだけなら、「何だ、それなら昔からあるコックリさんと同じではないか」と思われるかもしれないが、海後のケースの違うところは、一九七五年（昭和五〇年）ごろのあるとき、「あなた方に会いたいのだが」と交信したら、

振り子で絵を描く海後人五郎

宇宙人が「ではいついつ、どこどこで会いましょう」と日時と場所を指定。実際にその日にＵＦＯが現われ、複数の人が目撃している点だ。しかも、ある日の晩、「実体化してはいなかったが、点滅する光体として、私と家族に会いに来た」と言う。

海後の交信は、いわば振り子を媒体とした一種のテレパシー交信といえそうだ。それが芸術家の精神世界だけの話なのか、現実に起こりうる現象なのかは後で言及することにして、では次の話はどうだろう。

●——二人の絵が一致

川崎市の主婦Ａ子は一九八六年（昭和六一年）一一月三〇日、海後宅を知人の紹介で訪ねて「あっ」と驚いた。海後が十数年前、油彩で描いた「人間の元型」という抽象画と、Ａ子が約一〇年前、南米・パラグアイで「人間って何だろう」と何の気なしに描いた水彩画が、構図や色から描

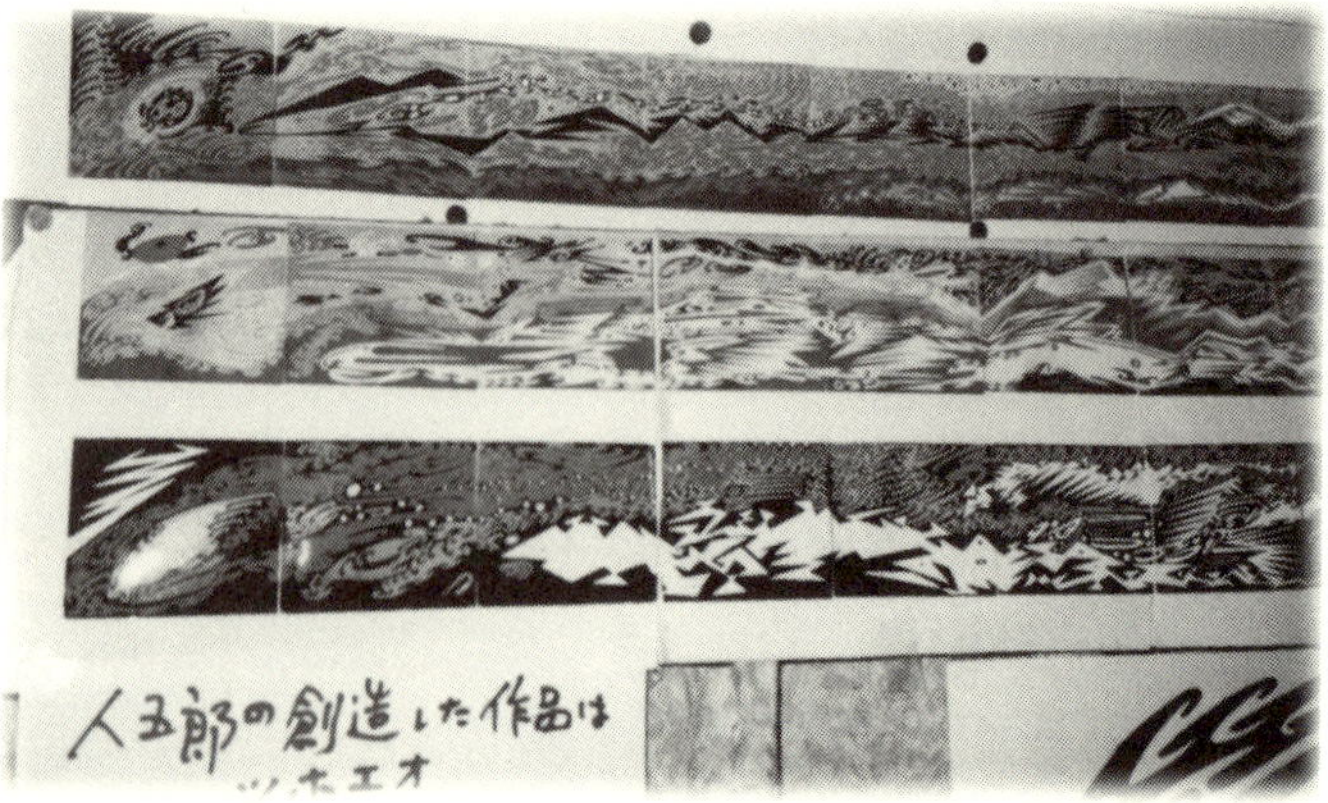

海後人五郎が描いた絵

いたものまで非常によく似ていたからだ。また、海後が一九七四年（昭和四九年）に振り子で描いた油絵「宇宙人の食卓」の中の島が、A子の別の絵の中の島のようなものと描線がとてもよく似ていることもわかった。

海後の二つの絵はそれまで未公開だから、A子が真似できるはずがなかった。「海後さんがこんな絵を描いていたとは知らなかった。偶然にしては似すぎている」とA子。海後も、「最初、見たときにはビックリしました」と話す。

A子が海後を訪ねたのは実は、宇宙人について話を聞くためだった。というのは自分自身、一九八六年九月下旬ごろから、宇宙人の仕業としか思えないような不思議な出来事が身の周りで起きだし、その理由を自分なりに確かめようとしたのだ。

その出来事というのはまず、白や赤や青色に輝く飛行物体・UFOを昼夜の区別なく頻繁に見るようになった。話はそれだけで済まず、さらに衝撃的なことが起きた。同年一〇月一〇日未明、自宅で作詩をしていると、自分の書いた日本語の詩が突然、英語になって頭の中に現われた。

「あっ」と思った次の瞬間には、どんどんと英語の文章が自然にあふれ出した、というのだ。

「決して自分で作ったわけでなく、宇宙からの誰かが心に英語で語りかけてくるのです。英語の不得意な私がそれまで見たこともないような難しい単語や文章を書くはずありませんから」と話すA子はそれ以来、ほとんど毎日のように英語でメッセージを受け取るようになった。

海後に会ったからといって、この交信の謎が解けたわけではなかったが、A子は「まったく遠く離れた二人が同じ絵を描くということは、宇宙には〝テレパシー信号〟を含むいろいろな波長の情報が流れていて、たまたま海後や私がそれをキャッチしてしまったのでは……」と思うようになった。〝宇宙人〟はその後も時々、途切れ途切れではあるが、戦争や大事故による汚染などについて英語で伝えてくるという。

●──宇宙の声との対話

A子より一年半早く、テレパシー交信が始まったというのは、一九八〇年代当時、翻訳会社を経営していた北川恵子《きたがわけいこ》だ。ドッペルゲンガーの項でも紹介した。今は音楽事務所を運営している。

一九八五年（昭和六〇年）三月一六日昼、自宅で休んでいた北川の頭の中に、不意に「視覚と聴覚の間のような感じ」で、文字が音声と影像を伴って浮かび上がってきた。その文字をワープロでたたくと文章になった。

最初は一方的に向こうから詩の形式でメッセージを送ってきた。意味は暗喩《あんゆ》に富み難解だったが、文章ははっきりしていた。そのうち数カ月経ってから、その〝声〟との対話ができるようになった。

そのころ、北川に疑問が生じ始めた。これはただの幻聴か何かで、自分の頭が変になっただけなのではないかしら、と。しかも〝声〟は、北川にモノに依存する日常の価値観を捨て、意識を改革するように言い続けた。

困った北川は「私は聖人でも何でもない普通の人間です。別の偉い人のところへ行ってください」と念じつつ、わざと〝声〟が聞こえないふりをしたり、〝声〟の勧めることと逆なことをしたりして抵抗した。それでも〝声〟は辛抱強く語りかけてきたため、一カ月後に根負け。「一九八五年一二月からは〝声〟と積極的に付き合うことにした」と言う。

それからというもの〝声〟は、次から次へといろいろなことを北川に教えたり、立体影像を目の前に現わしたりするようになった。火山の爆発や原発事故の予知、外国での誘拐事件の真相、宇宙や霊界、人類の隠された歴史などについて。それらについて北川は、すべて筆記したり絵に描いたりして記録を取った。また、〝声〟の主は「オリオン星系団」から来るらしいこともわかったという。

言語その他の感覚的な手段によらず、遠くにいても心の中の感情や思考を伝えたり、読み取ったりすることを「テレパシー」という。これまで紹介した三人の場合はいずれもテレパシー交信といえそうだが、果たしてそんなコミュニケーション手段は可能なのだろうか。

●――テレパシーは可能か

電気通信大学、ハワイ大学などの情報工学の教授を歴任、超常現象の研究で知られる日本サイ科学会の関英男《せきひでお》・元会長（故人）は、宇宙人とのテレパシー交信の可能性を積極的に肯定する一人。

関によると、アメリカなどの研究では、人の脳の尾状核《びじょうかく》には宇宙から来るいろいろな波長を捕まえることができる無数の〝アンテナ〟があり、その尾状核のすぐそばにある視床《ししょう》の中の前核《ぜんかく》が無意識と意識の回路をつなげたときに〝アンテナ〟が捕まえた情報が認識され、テレパシー交信ができるということがわかってきた、というのだ。

「私も何人か実際に交信している人を知っている。知的宇宙生命体の間ではそれが当たり前になっているのではないか」と、関は主張する。

関のような考えは今のところ、一部の研究家が唱えているだけで、広く知れ渡り、認められているわけではない。

日本の大学レベルで唯一、公的に超能力の研究を専門に進め、郵政省の「未来通信メディア研究会」のメンバーでもあった防衛大学人文科学教室の大谷宗司《おおたにそうじ》教授（現在は名誉教授）は次のように語る。

「超心理学の分野では、テレパシーはＥＳＰカードなどを使った実験を重ねたところ、統計的に実在することが証明されている。ただ、そのことがすべての科学者に認められてはいないのが実情だ。私の研究でもテレパシーといったＥＳＰ現象があることはわかっているが、どういう条件で、また、どうして起こるかについては、いまだに謎だ」

もっとも大谷教授は、宇宙人とのテレパシー交信については、「宇宙人が存在するかどうかも証明されていないので、仮定の話については何も言えない」と話している。

●——ＥＴの存在は

仮にテレパシーが、大谷教授らが言うように実証されたものとするなら、後は地球のほかに知的生命体がいることさえわかれば、宇宙人と交信できたとしても不思議ではない。

宇宙人肯定論者は「世界中でＵＦＯが目撃されている。この銀河系だけでも二〇〇〇億個の星が集まっており、しかも、宇宙には銀河系のような星の大集団が無数にある。その中で知的生命体がいないと考えるほうがおかしい」と主張する。一方、宇宙人否定論者は

「ＵＦＯを見たなどというのは大体が錯覚か幻覚。何千、何万光年も離れたところから地球に来られるはずがない。今までだって一度も、人類の前に現われたことがないではないか」と反論する。

これでは水掛け論で一向に結論が出そうもないが、ここで、肯定論者にとっては強力な味方を紹介する。その人は、「宇宙人は実は、けっこう昔から何度も地球に来て、地球人と交流しているようなんです」というユニークな説を古典文学の観点から唱える聖徳大学人文学部の山口博《やまぐちひろし》教授だ。

山口教授は、現在知られている浦島太郎の話が作られた室町時代よりもはるか前の奈良時代、丹後《たんご》の国の風土記《ふどき》に浦島説話の原典があることに注目。詳しく調べたところ、浦島が海で釣りをしていたのは同じだが、そこに現われたのは五色に輝く亀だった。その亀に一人の美しい女性が乗っており、浦島に「天上の仙家の人なり。風雲の彼方より来た」と名乗った。

浦島はその美女に眠らされたかと思うと、あっという間に大きな島に着いた。そこは玉を敷いたような光り輝く大地で、すばる（プレアデス星団）や雨降り星（アルデバラン）と名乗る人々に出迎えられ、輝く宮殿に入った、となっている。

「もうこうなると、浦島は輝く亀、すなわち円盤に乗って、宇宙へ行ったという話が、後の室町時代になって、『助けた亀に連れられて竜宮城へ行った』と、当時の人にも理解できるように勝手に解釈された、と考えたほうが自然なんです。ほかにも竹取物語とか、ETとの交流説話を思わせる古典はかなり多いんです」と山口教授は言う。

確かに、江戸時代の随筆集『梅《うめ》の塵《ちり》』と、滝沢馬琴《たきざわばきん》が日本各地に残っている珍しい話を集めた見聞録『兎園小説《とえんしょうせつ》』の二つには、一八〇三年、茨城県の浜辺に上半球がガラス、下半球はキラキラ輝く金属でできた円盤型の船が〝漂着〟し、中に美女が入っていたという話が詳細な円盤の挿絵付きで載っている。

また、元禄の作家・井原西鶴《いはらさいかく》の『西鶴諸国ばなし』には、寛永二年の話として、「姿の飛び乗物」に不思議な女性が乗っており、それが飛ぶときは火の玉のようだった。珍しい話なので書き残しておく、と記されている。

山口教授はこれらを踏まえて、「もし現代において、宇宙人と交流していると主張する人がいるなら、それを頭から否定することはできないと思う。もちろん、一つ一つのケースを吟味しなければなりませんが、本当に現代版浦島さんがいるかもしれませんよ」と指摘する。

江戸時代の随筆集『梅の塵』に掲載された円盤と“異人”

●――宇宙生命体の〝忠告〟

海後に振り子で絵を描くヒントを与えた前出の政木和三も、〝高次元の宇宙生命体〟からインスピレーションやテレパシーによって精神文明の尊さを知らされた、とする一人だ。

一九八一年（昭和五六年）に阪大退職後、インターフェロンなどの抗がん剤製造で知られる「林原」（本社・岡山市）の生物研究所に勤務。一九七四年（昭和四九年）ごろから始まった宇宙からのインスピレーションによって、直流型電気スタンド、磁気マッサージ器など、これまでに二〇〇種に上る新製品を発明した。

政木のユニークなところは、何とその〝生命体〟から三カ月に一回の割合で、ゴルフの新打法をテレパシーで教わることだ。

五〇歳で健康のためにゴルフを始めた政木は、〝生命体〟の助けを借りて、次々に「自然落下打法」などの新打法や新理論を開発。六〇歳のとき、関西シニアゴルフ選手権に初出場で初優勝してしまった。七〇歳を過ぎても、一日に二、三回は三〇〇ヤード飛ばすことができたという。

政木によると、〝生命体〟がゴルフを教えるのには理由がある。飛ばそうとか、勝とうという欲望や雑念を捨て、力を抜いて無我の気持ちになったとき、ゴルフはうまくいく。これは何事にも当てはまるということを、ゴルフを通じて教えてくれている、というのだ。

政木はまた、次のようにも話す。

「名声欲とか金権欲とかいった目の前にある物質的で低俗な欲望は捨てなさい。素直な心になり、人のために無償で尽くすということが宇宙の法則なのです。人類は豊かさを精神の調和に求めず、物質にばかり求めてしまい、とうとう人を威圧し、殺すための核兵器まで造ってしまった。宇宙人は、精神文明の豊かさを忘れた地球人に警告を与えているのです」

政木らの言うことが本当なら、宇宙人はあらゆる方法で地球人と接触し、人類に忠告してくれていることになるが、ならば、人類の眼前に公然と宇宙人が姿を現わさないのはなぜか——。

世界中のUFO情報を集めて研究し、東京都品川区東五反田の自宅でUFOライブラリー（図書館）を開いていた荒井欣一《あらいきんいち》館長（故人）は「ベテランの日航機長が目撃するなど、UFOの存在を疑う余地はありません。だが、実は私自身、まだ見たことがないんです。公式に出現しないのは、他の惑星の生物にショックを与えてはいけないという宇宙の不文律があるからか、あるいは、これまでは調査の段階で、地球人が彼ら宇宙人をちゃんと理解できるか調べていたからではないか。いずれにしても、これからもっと頻繁に現われるようになるのでは……」と推測する。

結局、その理由は誰にもわからないまま、一方でETとのコンタクトは、海後や政木のように三〇年以上前から始まったものから、A子や北川のように一九八〇年代に始まったものまであり、これからますます盛んになる気配すらある。

――いま、何をすべきか

「もし、世界中の人がみんな一斉に闘争的想念を捨てて、みんなのために何か奉仕しよう、という平和的想念に切り替えられたなら、人類の未来は輝かしいものになる。そのことを教えるために、宇宙人は許される範囲で世界中の人々とコンタクトしているのです。そして、その数は今後、どんどん増えていくはずです」と、あるテレパシー交信者は語る。

海後は芸術家の立場から、「漢和大辞典によると、国民の民という字は、権力者にとって都合のいいように、ひとみのない目を針で刺され、ものをわからなくされた奴隷という意味なんです。宇宙人は、その閉ざされた目を開けて、豊かで自由な精神世界の大切さを悟るように教えている。権力者側は、民に奴隷でいてもらいたいので、その事実を懸命に隠そうとする。今こそ、人類の一人一人が奴隷の呪縛《じゅばく》を解き、意識改革しなければならない」と話す。

ここで紹介した人たちが実際に体験したという、ETとの出会いやテレパシー交信といった現代の常識を超えた現象――。

それらを信じられない人は、懐疑主義者というより、地球人類が唯一の知的生命だとうぬぼれた人々にすぎないのか、あるいはUFOコンタクティー（接触者）が幻の世界で夢を追っているだけなのか、それは我々一人一人が判断するしかない。しかし、もし、読者の中で「ひょっとしたら宇宙人は存在し、交信している人がいてもおかしくない」と思う人がいるなら、宇宙に心を向けて、耳を澄ましてみたらどうだろうか。意外と、宇宙からのメッセージがあなたにも聞こえてくるかもしれない。

5 アトランティスの記憶

不思議な夢

この世界には、アトランティスの〝記憶〟を持つ人がいる。「そんな、まさか」と思うかもしれないが、信じられないほど大勢いるのだ。しかも克明に当時のことを覚えているため、アトランティスが存在したことを否定するのは難しくなってしまう。

中でも、先に紹介した政木和三《まさきかずみ》の体験には、思わずうなってしまう。政木は大阪大学工学部工作センター長を務め、定年退職後は岡山のバイオベンチャー企業「林原」の生物化学研究所で新製品の発明・開発を担当した理科系の発明家だ。精神世界関連の本も多数書いている。

私が政木和三を取材したのは、一九八六～八九年ごろ。当時はゴルフでエージシュート

（自分の年齢かそれ以下のスコアでラウンドを回ること）を達成したからといって、ご丁寧にテレホンカードをいただいたこともある。

政木和三は私にアトランティスに関する不思議な話をしてくれた。その話によると、政木和三は小学生の頃から毎月一度、必ず同じ夢を見続けた。どこの場所かはわからない石畳のある町の風景だった。その道の脇にはまったく透き間のない石組みが延々と続いていた。政木和三にとって心当たりはまったくなく、「不思議な夢を見るものだな」と思わずにいられなかった。

ところが一九七〇年（昭和四五年）ごろのある日、何気なくテレビを見ていると、何と夢とまったく同じ風景の映像が目に飛び込んできたではないか。それは、米国・フロリダ沖のバハマ諸島ビミニ群島近くで、一九六八年に発見された奇妙な巨石の構造物らしき海底遺跡を撮影した影像であった。

政木和三は驚いた。さらに不思議なことに、それまで四十数年間続いていた毎月一度の不思議な夢が、その日を境にぷっつりと途絶えたのだ。

その海底の遺跡というのは、約一・二キロ続くJ字型の巨石道路や長さ一〇〇メートル、幅一〇メートルの石の壁などでできた遺構らしきもので、一部の考古学者の間で「ビミニロード」と呼ばれ、水没した古代の遺跡ではないかとして格好の研究対象となった。

一体、これらの遺跡と思われるものは何なのか。ただの自然の造形によるものなのか、あるいは人類がまだ知りえていない古代巨石文明の建造物の一部なのか、多くの研究家が実地調査をするために、ビミニ群島を目指した。

海底に沈んだアトランティス

ビミニ群島の海底遺跡は、学術調査とは別に、ある研究家たちの注目を集めた。というのは、それより二八年前の一九四〇年に、エドガー・ケイシーというアメリカの〝超能力者〟が、「アトランティスの首都・ポセイディアが再び浮上する。一九六八年か六九年に予期されている。そう先のことではない」という内容の予言をしていたからだ。

しかもその場所については、「フロリダ海岸沖のビミニとして知られるところに近い海底の泥土の下から、かつて大陸の最高所であったポセイディアの神殿の一部が発見されるだろう」と一九三三年に明確に指摘していた。

ケイシーが詳述したアトランティスについては後述するとして、政木和三はこれをきっかけにして、自分はもしかしたらかつてアトランティス人であったのではないだろうかと思うようになった。そのときすでに政木和三は、宇宙の高次元生命体からインスピレーションを得て、過去何度も日本で生まれ変わり（転生）をしていたことを知らされていたからだ。輪廻転生《りんねてんしょう》が事実で、アトランティスが伝説だけの大陸でないなら、自分が過去生においてアトランティスの住人であったとしても不思議ではない、と考えた。

それから十数年経った一九八六年（昭和六一年）一〇月一六日。その考えをさらに決定的にする出来事が起きた。その日、政木和三はまったく見ず知らずの二人の外国人の突然の訪問を受けた。

アメリカ人の学者と企業コンサルタントらしく、二人は政木和三に会うなり、「あなたこそ、この石の持ち主に違いない」と言って、直径四センチほどの奇妙な円盤型の石を手渡した。それはキュウリを輪切りにしたような色と模様をした、メノウに似た宝石のようだった。

政木がその石を手に持つと、手のひらの中で熱くなった。そして、その石が政木の元にまで届けられたいきさつをその二人から聞かされたとき、「こんなことがありうるのだろうかと狐につままれた気持ちになった」と、政木は言う。

神官の石

二人の訪問者が明かしたいきさつは、にわかには信じられないような話だった。それは次のようなものだ。

二人は来日する一年ほど前にエジプトへ行ったときに、まったく思いがけなくエジプトの神官と名乗る人物に出会った。その神官は二人に歩み寄ってきて、手に持った不思議な石を見せながらこう言った。「この石は六〇〇〇年も昔からエジプトの神官が受け継いできたものだ。あなた方は近いうちに日本に行き、必ずこの石の持ち主に会うことになっている。これをその人に渡してください」。そして神官は、その石を二人に手渡した。

二人は驚いた。そのときは別に日本に行く予定もなかったし、誰だかわからない人間に一体どうやって石を手渡したらいいのか見当もつかなかった。だが、その神官が「石の持ち主は必ずわかる」と言い張るので、石を預かったという。

そうしたら本当に、仕事の都合で日本に行くことになり、二人は何かに導かれるようにして政木和三にめぐり合った。そして会った瞬間、直感的に「この人が持ち主だ」と思ったという。

その石は何なのだろうか。エジプトの神官は六〇〇〇年前から受け継いできたと言ったほかは、石について詳しくは教えなかった。そのため、政木もその石を手渡した二人も何の石なのか見当もつかなかった。

ところが、その後間もなく、さらに驚くべきことが起きた。政木和三がその石の話を講演会で話したところ、参加者の一人が突然、感極まって泣きだしたのだ。その人は女性で、政木が「どうしたのかな」と訝《いぶか》っていると、その女性はにわかに、周りの人が誰も理解できないような言語で政木に向かって喋りだした。

その場にいた誰もが、それまで聞いたこともないような言語だった。そう誰も……。政木以外は。

不思議なことに、政木にはその言葉の意味がはっきりとわかったのだ。政木もつられるように無我夢中で同じ言語をしゃべりはじめた。もちろんそのときまで、政木はそのような言語を聞いたこともなければ、話したこともなかった。同時に頭の中では、その言葉を完璧に理解していた。

周りの人は皆、唖然とするしかなかった。政木が後に解説するには、女性はその石がアトランティスの神官が持っていた聖なる石で、政木がその神官だったとアトランティスの言葉で話したのだという。そしておよそ一万年以上の時が過ぎ去り、神官の石は巡り巡ってかつての持ち主である政木の手元に返ってきた。実はこのように玉が持ち主に戻ることを「完璧」というのだ、と政木は言う。

●――プラトンによる記録

政木和三の驚異的な体験を理解するには、二つの可能性について言及しなければならない。一つは、アトランティスは実在したのか、実在するとしたらどのような文明を持ち、どうなってしまったのか。二つ目は、輪廻転生がありうるのか、という問題だ。

今から一万年以上も前にアトランティス大陸があったなどというと、たいていの歴史学者や考古学者は笑いだすにちがいない。ましてや、政木和三のように「私は当時、神官でした」などという話は、信じろといわれても無理というものだ。

にもかかわらず、そんな幻の大陸が今日までなお、ロマンと謎をもって実在したかもしれないとして議論されるのは、紀元前三五〇年ごろ、ギリシャの哲学者プラトン（紀元前四二七?~同三四七年?）がエジプトの神官から聞いた話として、『ティマイオス』『クリティアス』という対話篇に書き記していたからだ。対話篇自体は、ソクラテスと三人の友人が架空の問答を交わす形式で書かれている。

その対話篇では、プラトンの母方の祖父に当たるクリティアスがその祖父の大クリティアスから子供のころに聞いた伝説として、アトランティスが登場する。大クリティアスが父親のドロピデスから聞いたという伝説で、そのドロピデスもまた、友人のソロン（紀元前六四〇年ごろ~同五六〇年ごろ）から聞いている。ソロン自身は、エジプトのサイスという場所で太古の記録文書を保管する神殿にいた老神官からアトランティス伝説を聞いたのだという。

まるで秘伝のように語り継がれてきたその伝説によると、紀元前一万年ごろ、ジブラルタル海峡の外側、すなわち大西洋の彼方に北アフリカと小アジアを合わせたよりも大きいアトランティスという名の島（大陸）があった。アトランティスは周辺の島々だけでなく、リビアやトスカーナ以西のヨーロッパをも勢力下に置く大帝国を築き上げていた。首都の中心には王宮と海神ポセイドンを祭る神殿があり、神殿は黄金、銀、象牙、そして炎のように輝くオルハリコンと呼ばれる謎の金属で飾られていた。

アトランティスは全部で一〇の王国に分かれ、それぞれの国を統治する一〇人の王たちは、ポセイドンと人間の女であるクレイトーとの間に生まれた五組の男子の双子の子孫であった。王たちは、アトランティスという名の由来ともなったポセイドンの長男アトラスの一族を宗主としてそれぞれの国を治めていた。

アトランティスの人々は初め、神の心を持ち、美徳を重んじ、物欲を軽蔑していたらしい。ところが、世代を重ねていくうちに神性が薄められ、人間の気質が優位を占めるようになり堕落。よこしまな欲望に染まり、力の誇示を始める。やがてヨーロッパ全域を蹂躙《じゅうりん》しようと侵略を開始した。

これを見た神々の王ゼウスは、堕落したアトランティスに罰を下そうと考え、すべての神々を最も尊い殿堂に集めた。

プラトンはアトランティスが実在したという

ゼウスがこの会議で何を言ったかは、プラトンの対話篇がここで唐突に終わっているためわからないが、いずれにしても、プラトンが対話篇の別の箇所で述べているように、恐ろしい地震と洪水などの異変によって、アトランティスは海中に没したのだ。そして、ヨーロッパとの大戦争の記録がエジプトの古文書に残され、ソロスの知るところとなった。

ケイシーが透視した過去生

プラトンの伝えたアトランティス伝説をめぐっては、様々な角度から研究や調査が実施された。それは現在に至るまで続いている。

エジプトとメキシコ・ユカタン半島にあるピラミッドを比較することにより、アトランティス文明の実在を証明しようとする学説や、大西洋の海底にはアトランティスの存在を示すいかなる痕跡も見つからないとする地質学的調査

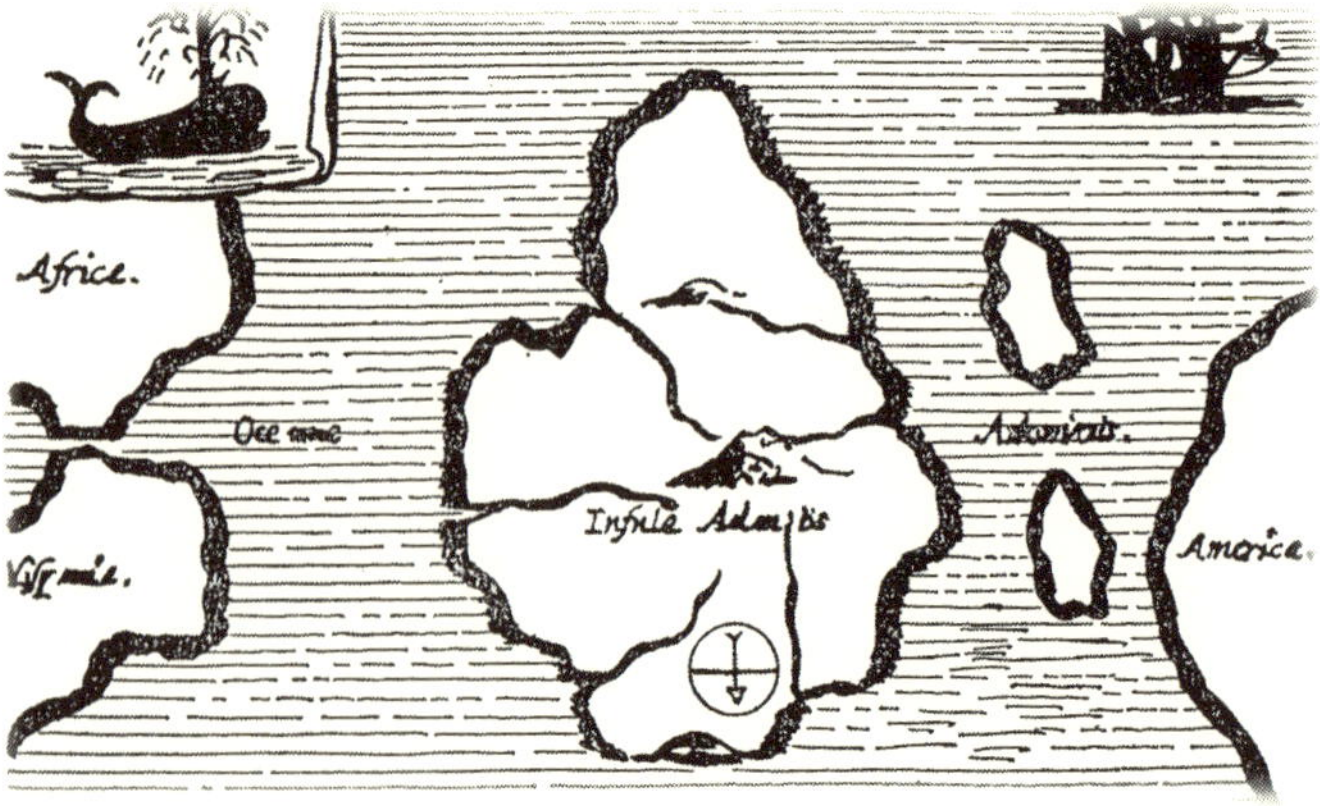

キルヒャー神父が17世紀に作成したアトランティスの地図

結果などが発表されている。

いずれの場合でも、アトランティスの実在性を根本的に肯定したり、否定したりする十分な確証というものは出てきていない。

そうした議論の一つに、先に述べた〝眠れる超能力者〟エドガー・ケイシーがリーディング（半睡眠、あるいは催眠下で過去や未来を透視すること）によって明らかにしたアトランティスの歴史がある。

ケイシーは一八七七年、米国・ケンタッキー州の農場の子として生まれた。彼は子供のころから、亡くなった親戚の「幻影」を見て、彼らと話をしたり、学校の教科書の上に頭を乗せて眠る、つまり教科書を枕にして眠るだけで内容を覚えてしまったりするという離れ業をやってのけたとされている。

そんなケイシーが二一歳のとき、声がほとんど出なくなるという奇病にかかった。医者たちはあの手この手を使って治療を試みたが治らない。ケイシーは最後の手段として、かつて教科書を記憶したのと同じ潜在能力を用いて、自分自身を治すことができないかと考えた。

友人の催眠術師に協力してもらって催眠状態になったケイシーに対し、催眠術師はケイシーの症状を問い質した。するとケイシーは、病気の原因と医学的に適切な治療法について、うわ言のように喋りだした。そして、その通りにすると、彼の声は再び出るようになったのだ。

これ以降、ケイシーは催眠中に、まるで医者のように患者の病気を診断し、治療法を教える力に目覚めた。この方法を使って、一九四五年に亡くなるまでに約一万四〇〇〇件の病気の治療法や予言、それにいろいろな問題の解決法を残した。

その中でケイシーは、転生が事実であること、過去世でアトランティスにいたことがある実体が現代に多く生まれ変わってきていること、今生でその人間が直面している問題と過去世とは大きくかかわっていることなど、人間の知られざる驚異的な事象や歴史、アトランティスの高度な文明について明らかにしていった。

滅亡した高度な文明

エドガー・ケイシーのリーディングによると、人間がこの地球に住み始めたのは、約一〇五〇〇万年前。数多くの地殻変動があり、その間に二〇〇万年にわたり文明があった。最後は三つの大変動が数千年間隔で起こり、紀元前一万一〇〇〇年ごろ、アトランティスとみられる「最後の文明」が滅んだという。

アトランティスの人々は、今日のアメリカのように豊富な資源と才能に恵まれ、科学を重んじた。ガス気球を用い、テレビやラジオも発明、空や海の中を進む水陸両用の乗物も持っていた。最後には、太陽エネルギーを転換する秘法を解き明かし、「偉大な水晶体」を使って太陽エネルギーを活用した。「偉大な水晶体」は「火の石」もしくは「ツーオイ石」とも呼ばれ、神との交信に使われたり、病気を治療するために用いられたりもした。

　このようにアトランティスの人々は非常に進歩していた。信仰面では、神のシンボルとして太陽を用い、一つの神を崇拝した。ところが、やがて人々は神の贈り物である人間の能力を誤用、次第に衰退していき、最後には自滅したのだとケイシーは言う。

　では、具体的にはどのような誤用があったのか。ケイシーは「水晶体」の誤用、乱用があったと言う。つまり、本来なら人類の幸福のために使われるべき太陽エネルギーを、一部の権力を握った人たちが破壊に使ったのだ。

　きっかけは偶発的だったともケイシーは言う。水晶体が偶発的に高水準に調節されたことにより、地球の火山活動が誘発され、結果的に地球上に大洪水をもたらしたのだという。

　最初の破壊は紀元前一万五〇〇〇年前ごろ起こり、最後は紀元前一万五〇〇〇年。一連の破壊により、アトランティス大陸は五つの島に分かれ、アトランティスの滅亡がエジプト、ギリシャ、インカの始まりとなった。アトランティスの生き残りの一部はエジプトやインカに逃れたらしい。アトランティスと同時期に存在した古代レムリア大陸も水中に没した。

　アトランティスの貴重な記録は、エジプトに逃れた一派によりスフィンクスの右前足とナイル川を結んだ線上の地下にある秘密の部屋に保存された。その記録の中には、アトランティスの科学、文学、歴史、法律だけでなく、地球の過去、現在、未来を解説する文献も含まれているという。その記録の一部が、あるいは口伝《くでん》による歴史の一部が、ソロンからプラトンへと伝達されたのであろうか。

ケイシーによると、アトランティスの記録については、グッドニュース（いい話）とバッドニュース（悪い話）があるようだ。グッドニュースは、それらはやがて発見されるということ。バッドニュースは、「人類が地球的変動を経験するまで秘密の部屋は開かれることはない」ということだ。

アトランティスの教訓

これだけ詳細にアトランティスを描写したケイシーだが、今でもケイシーの能力を疑っている人がいるのは、ケイシーの予言の多くが外れていることが大きい。たとえば、一九九八年までに日本は大部分が海中に沈むにちがいないとケイシーは予言しているが、幸いなことに二〇〇五年現在、日本列島は一応原形をとどめている。同じころまでに、ヨーロッパやアメリカ大陸でも陸地が海中に没するような地殻変動が起こると予言したが、これも実際には起きていない。

しかし、こうした予言が外れたことを理由にケイシーの信憑性を断じるのは間違っている。それはケイシーの予言に関する次の発言からもわかる。
ケイシーは言う。時間や空間は、三次元という私たちの限られた条件のもとで使用するための単なる概念にすぎない、時間と空間こそ、人間が作り出した幻覚にすぎないのだ、と。アカシックレコード（「神の記録帳」「魂の記録庫」）から未来を知ることができる、なぜなら、すべての時間は一つであり、過去、現在、未来は一体であるからだともケイシーは言う。

これはデジャビュ現象で私が直感的に知った仮説とも一致する。過去、現在、未来はそれぞれ連動しているとみるべきだ。現在が変われば、未来と過去も変わる。ケイシーの予言は外れたではないかと鬼の首を取ったかのように批判する研究家もいるが、実はこの時間に関する真理を理解していないことから生じる誤認であるといえる。

ケイシーは予言に関してこうも言う。「たとえ予言で日時や場所、人が特定されていても、それには一定の期間や修正の幅がある」「しばしば、期間の変更をもたらすような変化も起こる。スーやラーを崇拝する僧侶たちは、真の神の奥儀《おうぎ》をエジプトから追い出してしまったために、変化が生じてしまった」（マリー・エレン・カーター『エドガー・ケイシーの予言』より）

ケイシーの言うことが正しいとすると、過去や未来は決まっていない。同様に私たちの過去生も未来生も決まったものではない。それは、三次元的表現を使えば、〝同時進行〟

しているからだ。今生を変えれば、それは過去生や未来生にも影響する。するると、現代の科学技術利用の有り様がアトランティスの科学技術の有り様と連動していることがわかる。アトランティスの人々がそれを誤用したのだとすると、それは現代の人々が誤用していることの裏返しとなる。

このように時間の概念を正確に理解したときに初めて、ケイシーの予言が理解できるわけだ。そして、アトランティスの教訓を学ぶことも可能になる。

輪廻転生はあるのか?

アトランティスはおそらく実在したのであろう。しかし、政木和三の話が本当であることを証明するには、輪廻転生についても検証しなければならない。

私は一九八〇年(昭和五五年)九月から八一年六月にかけて、イギリスのケント大学に留学していたが、その大学生活が始まる少し前の七月か八月に、ダライラマの輪廻転生について、BBCがドキュメンタリー番組を放映したのを覚えている。

このBBCが制作した番組は輪廻転生に対する偏見をなるべく排して、チベットの神秘についてまじめに取り上げていた。私はこの番組を見るまで、輪廻転生には懐疑的であった(潜在意識においては肯定していたが、すくなくとも表面的には否定論者であった)。しかし、私がホームステイしていたそのイギリス人家族も私も、この番組を見た後は、ひょっとしたら輪廻転生はあるかもしれないと思うようになった。

私が輪廻転生に懐疑的だった背景には、母の影響もある。幼少のころ（たぶん幼稚園児のころ）、メーテルリンクの『青い鳥』を母と一緒に読んでいると、未来の国でこれから人間の体に生まれようとする魂たちが並んで話をしている場面が出てきた。

私はその場面にすごく感動し、母に「みんなこういうふうにして生まれてくるの」と聞いた。そのときの母の答えがすごかった。「こんなのは作り話よ。魂が転生するなんて聞いたこともない」

「では人は死んだらどうなるの」と私は聞いた。

「死んだら真っ暗闇があるだけよ。生まれる前も真っ暗闇だったでしょ」

「暗闇だけ？」

「そう、何もない暗闇だけ。魂の転生なんて、そんなことを考えるのはやめなさい」

非常に現実的な母だったな、と思う。しかし母の答えは、幼少の私には衝撃だった。トラウマになったとまでは言わないが、輪廻転生について考えるのは幼心に封印してしまったような気がする。そして、その経験をイギリスにまで引きずっていたのだ。

封印が一度解けてしまえば、こちらのもの。後は輪廻転生が実在するかどうかを科学的に分析すればいいだけだ。

輪廻転生の不思議

輪廻転生を科学的に証明できるのか。非常に難しい問題だ。幽体離脱や臨死体験を論じる際にも必ず指摘されることだが、脳が作り出した幻影や錯覚である可能性もあるからだ。確かに、そういう場合もあるのかもしれない。しかし、それではどうしても説明できない事例も数多くあることを忘れてはならない。しかもこの現象は、人類が昔から普遍的に〝経験〟してきたものでもあるのだ。それは、それぞれの国の古典や記録にも残されている。たとえば、平田篤胤《ひらたあつたね》は『勝五郎再生記聞』で、多摩郡中野村の農家の子が一八八二年、八歳のときに自分の前世を語りだした事実があったことを詳細に記録している。スウェーデンの著名科学者兼神学者エマヌエル・スウェデンボリ（英語名ではスウェデンボルグ、一六八八〜一七七二年）も、輪廻転生の事例をいくつか挙げ、霊界のような世界が存在することを明らかにしている。

現代では、ヴァージニア大学の精神科医イアン・スティーヴンソンが、一九六一年から生まれ変わり事例の実地調査を始め、一九九七年に「生まれ変わり」の信憑性が高い二二五例の調査報告を発表している。

その簡単な例を挙げると、ある村で生まれた子が幼少時に、その村とは縁もゆかりもない、距離的にもかなり離れた村のことを克明に覚えていて、その村で死んだものであると語りだす場合などだ。実際にその村に訪れて初めてそれが確認できる。

あるいは、生まれてきた子供に先天的な母斑《ぼはん》（ほくろやそばかすなど）や身体欠損があり、それが「前世」の人物が死んだ際の身体的特徴と酷似していたり、その子供が「前世」の人物の死亡時の様子や家族関係、住んでいた場所などを感情的に語ったりする場合もある。

これらの例は、かなり輪廻転生の可能性が高い。つまり、村ぐるみで捏造したのでもなければ、偶然の一致でもない事例。かといって霊的に人格憑依《ひょうい》があったわけでも、死者の状況を遠隔透視したわけでもない事例であったといえる。

さらに最近では、退行催眠で「前世」を思い出すことにより癒《いや》される事例が多くあることも確認されている。そうした事例は、ブライアン・ワイス博士の『前世療法』などに詳しい。

このような状況証拠を公正に判断すると、そのメカニズムはともかく、輪廻転生という現象は否定できない事実であるとしか言いようがなくなるわけだ。

前世との遭遇

私には前世の記憶がない。メーテルリンクが『青い鳥』の中で示唆《しさ》しているように、人間として新たに生まれてくるときに記憶を失ってしまうからかもしれない。しかし、時々面白い夢を見る。

夢の中で、私は「今の私」ではない。性別も違うし、年齢も違う。時々、女の子だったりする。出てくる家族も知らない人ばかり。その中でストーリーが展開していくので、何のことかよくわからない。どこかで見た映画の記憶かとも思ったりするが、思い当たる映画はない。これが前世の記憶かなとも思う。

とにかく、今の自分ではない「私」の夢だ。女性である自分の夢などというと、女性になりたい願望がそのような夢を見させるのだ、などと心理学者に解釈されてしまいそうだが、そうかもしれないし、そうでないかもしれないとしかいえない（そもそも、向きになって否定しても、逆に怪しまれるだけだ）。

生まれ変わりについては不思議な話は数多くあるが、西丸震哉の話は、いつもの例にもれず、極めて変わっている。西丸震哉の幽霊の話で紹介したように、西丸は銀座の料亭で霊能力者の女性に前世を見てもらった際、かってアイヌの酋長の息子や、中国・玄宗皇帝《げんそうこうてい》に仕えた安禄山《あんろくざん》（七〇五〜七五七年）であったと言われた。しかも、安禄山の顔は今の西丸とそっくりの顔をしていたという。

西丸は合点がいかない。自分は中国人のような顔をしていないからだ。そこで安禄山について調べてみた。すると、確かに安禄山は漢民族ではなく、西域人の混血であった。そして、醜怪な姿で腹が途方もなく膨《ふく》れて垂れていたとある。だがおかしなことに、そのように醜い姿をしていたのに、楊貴妃《ようきひ》とは愛人関係だったらしい。

「筋が通らない話だな、私が安禄山であったというのは、やはりたわ言だったのか」と、西丸が自宅の書斎で思索にふけっていたときだ。後ろの暗い片隅に人が立っているのに気がついた。黒い「ドバーッとした服」を着た男で、変な帽子をかぶっている。よくみると顔は西丸に似ている。

「どなた?」と西丸が聞くと、その男はニッと笑って「誰だと思う?」と聞き返す。

「う~ん、安禄山!」

「その通り」

安禄山は、西丸が安禄山について解《げ》せぬことがあると考え込んでいるのを知って、過去から駆けつけたのだという。

安禄山は、その場で西丸と合体し、玄宗皇帝の時代に西丸を連れて行き、西丸が疑問に思っていたことをすべて解き明かす。安禄山との会話は、日本語でも古代中国語でもなく、「お互いの言語でしゃべっている内容が頭の中に押し込まれるみたいに理解される。テレパシーみたいなものか」と西丸は書いている。つまり政木和三が、知らないはずの「アトランティス語」を理解できたのと同じ仕組みだ。

西丸はもちろん、この話を事実として書いている。私の取材に対して「そんなに大変なことではなかった。体が合わさったら、もう次の瞬間には玄宗皇帝の時代にいた」と、西丸はこともなげに言う。

過去の人物でありながら現在に出現した過去世の西丸震哉である安禄山。西丸と安禄山の二人が出会うということは、過去世の自分と今生の自分は同時に存在することを意味している。「自分」という意識は常に時間を超越して存在する。それが宇宙の法則であるような気がする。

未来、現在、過去

過去、現在、未来は同時に存在しているという考え方は、理解するのは難しいかもしれない。なぜ、すでに起こった過去がこれから起こることなのかという疑問が生じたとしても当然だ。しかし、私たちが知っている過去とは何なのだろうか。「本当に起こったこと」などあるのだろうか、と考えてしまう。「本当に起こったこと」とは、実は私たちが「本当に起こった」と信じているだけではないか、とも思える。

考古学の世界でも、「現在」における発見によって、「過去」がドンドン変わる。たとえば炭素年代測定の導入によって、弥生時代が従来考えられていたよりも五〇〇年も早い紀元前一〇〇〇年ごろから始まったのではないか、とも考えられるようになった。未来も過去も刻々と変化している。

例え話をしよう。一次元世界の住人にとって、線上に順にA、B、Cという点があれば、AからCへ行くには必ずBを通らなければならない。Aから見たら、Cは必ずBの向こう側にある。ところが三次元世界の住人にとっては、空間があるため、BをまたいでAからCに行くことができるわけだ。Bを通る必要はない。当然、Bを通らずにCからAに行くこともできる。

同様に三次元世界の住人にとっては、過去から未来へ行くには現在を通らなければ行けない。ところが四次元世界の住人にとって、過去から未来へと現在を経ずに飛ぶことも、未来から過去へと時間を旅することも容易にできる。四次元世界では過去、未来、現在は一体として存在するからだ。安禄山と西丸のケースや、ゲーテのデジャビュ現象を思い出せばいい。

このことを理解するには、エドガー・ケイシーが過去生だけでなく、自分の未来生もリーディングしていることを思い出すべきであろう。ケイシーは一九九八年と二一〇〇年ごろに再び地球に転生し、どのような人生を歩むかを克明に述べている。つまり、ある時点における未来はすでに完了している。過去生を思い出すという表現を使うならば、未来生を〝思い出す〟ことも可能であるのだ。過去と未来、現在は、同時進行で起こっている。

さて、輪廻転生が事実で、かつアトランティス文明があったとすれば、政木和三の体験は真実であった可能性が強くなる。最後に、政木和三のほかにアトランティスの記憶を持つ人たちを紹介しよう。

秋山眞人《あきやままこと》は、かつてアトランティスにいたのは間違いないと言う。秋山は過去生で、ムー大陸のエル・サルモンという王家の最後の血統を引く若い王子の従者であったという。その王子がアトランティスにやって来たので、護衛集団の一人としてお供をした。そこで秋山は、アトランティスの最期にも立ち会うことになり、山のように巨大な津波の壁が大陸を襲うのを目撃した。もちろん、従者だった秋山も津波に飲み込まれ絶命した、という。

ミュージシャン喜多郎《きたろう》のところでかつて瞑想を教えていた女性超能力者も、アトランティスの記憶があると言っていた。彼女によると、アトランティス時代の同時期に一緒にいた魂たちが、現代の日本にも多数転生してきている。そして、そのことを覚えている人も多く、そういう人たちが出会うと「きゃ～、あの時、あの塔にいた何々ちゃんが、今のあなたなの！　お久しぶり～」と、まるで同窓会で再会したときのような会話が交わされることがあるのだという。

なぜ、アトランティスの記憶を持つ人が今の時代に多くみられるのだろうか。「(科学技術の悪用によって滅んだという) アトランティスの過ちを二度と繰り返さないために、自分たちの意思で転生してきたのではないか」と秋山は言う。

カルマの法則が働いているのだろうか。そうであるならば、私たちの「今の決断」しだいで、未来の地球だけでなく、過去のアトランティスを救うこともできるのかもしれない。

6 幽体離脱と金星の話

金星に行った少女

一九八七年（昭和六二年）五月三日夜、東京近郊に住むある小学四年生の女の子が突然、次のようなことをしゃべりだした。

「地球は（他の星と比べて）レベルが低いから、肉体を捨てているだけなのに死んだと決めるから、いけない。本当の自分が乗るのだから、体は乗物と考える。本当の自分というのは、肉体も何もなく、ただ心だけがあって、自分の正体というのは、魂ひとつである」

驚いた母親が「まあ、一体誰がそんなことを言ったの」と聞くと、その子は「金星人のだれだれさんが教えてくれたの」と答えたというのだ。

この話をにわかに信じるのは難しい。まず、金星に生物、しかも知的生物がいるということ自体、現代の科学と相矛盾するではないか。しかも、たいていの人が否定的な考えを持つ輪廻転生について、さも当然のごとく肯定している。

このことを一〇歳にも満たない女の子が語ったところが面白い。これを現代の常識で判断すると、（一）親の気を引こうと、何かの本で読んだことを引用し、金星人に教わったなどと勝手に脚色した　（二）第三者の誰かに教わったことを鵜呑《うの》みにして、それを親に得意になって語った　（三）夢を見ただけか、あるいはまったく子供の空想物語にすぎない――ということになるのだが、母親はどうしても、そんな〝常識〟だけで割り切ることができなかった。というのは、もう一つの可能性として、本当に金星人がいるのではないかと思わずにはいられないような出来事が前にもあったからだ。

それより二年前の正月、親戚の家に家族で遊びに行ったときのこと。子供が夢遊病のような状態になったことがあった。何を聞いても上の空で、寝ているかと思うと、目は開けているし、起きているようでもある。数時間、そんな状態が続いた。まるで意識だけが、どこかへ行ってしまったかのようだった。そして、その子に〝意識〟が戻ったとき、口を開いて言うには、「私、金星に行ってきたの」――。

その後も、その子は何度も金星に行っているような様子がうかがえた。その度ごとに、両親が問い詰めるが、その子は「金星のだれだれさんが、まだ信じない人がたくさんいるから、あまり他の人に話さないほうがいいって言うの」と言って、多くを語ろうとしない。

それでもその子が断片的に語るところの金星は驚異の事象に満ちていた。空飛ぶ円盤や惑星間を航行できる巨大な母船。モスクを思わせるような教育塔。テレパシーで語りかけてくる金星人たち。その子の語る金星の文明は、科学的にも地球の文明よりはるかに優れていることは明白だった。

ドライブ中に金星へ

金星に行ったことがあるというのは、何もその子だけの話ではない。東京に住む会社員Bさんは一九八六年(昭和六一年)秋、友人とドライブ中、助手席でリラックスしていると、体が少しフッと浮く感じがした。気がつくと、自分自身が車の上空に浮いており、車内の助手席に座っている自分の姿が下に見えた。それはまるで、宇宙遊泳のように気持ちのいい状態だった。

しばらく遊泳気分を楽しんでいると、今度は突然、周りが真っ白な雲に包まれたような状態になった。不思議なことに、目の前には自分を導いてくれる案内人のような人がいるのがわかり、Bさんはその人の後について雲の中を飛行した。

かなりの時間、飛んだのだろうか。やがて雲のトンネルを抜けたかと思うと、そこはとある町の中であった。町の雰囲気は全体に白っぽい感じで、陶器のように滑らかな素材でできた白い建物が立ち並んでいた。形は非常にシンプルで、ピラミッドを縦に引き延ばしたような尖《とが》ったものが多かった。

通りにはたくさんの人が、愉快にしゃべりながら歩いていた。いろいろな色の髪の人がいて、古代ギリシャ人が着ているような、ゆったりとしたローブを身にまとっていた。傍らには、先ほど道案内してくれた人が付き添っており、今度は街中を案内してくれる。そのときまでには、Bさんはここが金星であること、そしてその人が金星の住人であることを知らされていた。

しばらく歩くと、とても重要と思われる建物の近くの広場まで来た。それ以上先には行けないらしい。Bさんは広場の手前で立ち止まり、案内人の指示でそこに生えている植物らしきものから、額に向けてエネルギーをもらった。やがて、帰る時間が来たことを告げられると、次の瞬間には車の中の自分に戻っていた。

Bさんが金星に行ったのはこの一回だけではない。実はその前後にも、金星の生命体に連れられて数回、金星旅行をしたことがあるのだという。

金星で開かれた会議

「私も地球に体を残して、金星に何回か行ったことがある」と語るのは、前出の北川恵子だ。一九八二年（昭和五七年）春のある夜、北川が一人、部屋で目を閉じて瞑想に耽《ふけ》っていると、目の前に丸くて白い光が見えてきた。光はまるで呼吸をしているかのように動いていた。そのうち、自分自身がオデコのあたりから体の外へ飛び出し、その光に引き込まれるのを感じた、という。

五、六人の背の高い人たちに囲まれている気配がした後、突然、大理石の階段が現われた。一段一段は約六〇センチの高さがあり、幅も七、八人がすれ違うことができるほど広い。その九十九折《つづらおり》になっている階段を上っていくと、ギリシャの哲学者を思わせる銀色の髪と髭をはやしたおじいさんがおり、北川の手を取って階段の上に上げてくれた。

階段の上の大きな両開きの扉を通って中に入ると、そこはコロシアムのようなすり鉢状の広場になっていた。様々な格好をした人たちがワイワイガヤガヤ話をしていた。北川にはそこがどこで、皆が何をしているのかまったくわからなかったが、不意に誰かが「ここは金星です。各星々の代表が合同会議をやっているところです」と、心に語りかけてきたため、初めて金星の会議場に来ていることがわかった。

そのときは、北川はしばらくそこに滞在してから、ギュンという感じで、あっという間に地球上の自分の体に戻ってきたが、その後も度々、同じようにして金星を訪れ、宇宙の歴史に関する記録が収蔵されている資料館などを見学した、という。

北川は「私はそれまで、宇宙人とかＵＦＯなどといったものは存在しないものと思い、バカにしていましたが、それは誤解でした。現代の科学者は否定するかもしれませんが、太陽系外の惑星はもとより、この太陽系の金星にさえ、実は間違いなく知的生命が住んでいるのです」と主張する。

幽体離脱を体験した！

金星の住人、あるいは金星人がいるのかどうかの議論は後でするとして、北川恵子や小学四年生の女の子が体験したような意識の体からの離脱を、意識飛行とか幽体離脱（アストラル・トリップ）などという。もちろん、こういった現象は科学的に解明されているわけではないし、幽体とは何であるかの明確な答えもわかっていない。だが、幽体離脱を経験したという人は意外と多い。

東京農工大学で色彩学を教えたり、新建材や透明絵具を開発したりする科学研究で知られる創造性開発研究所長、森東一郎《もりとういちろう》さん（故人）は二三歳のとき、過労などから重度の狭心症になり、生死の境をさまよった。そのとき、森さんは初めて意識が体から離脱するという体験をしたのだが、当時を振り返って次のように語る。

「私は自宅の仕事場で、絵の大作を描こうと毎日、かなり無理をしていました。そうしたある日、何かフッと立っていられなくなった。初めは、飛行機がダッチロールをするみたいになって、垂直感覚と水平感覚が駄目になったのです。人間の身体は一つの王国で、自分が中心にいて、それを治めていることがわかり、その統合が利かなくなってきていると感じたのです」

体のコントロールが利かなくなった森さんは、水を飲もうと這い回っているときに水の分子構造のようなものが見えてくるなどの奇妙な体験を経て、ようやくベッドに倒れこんだ。そして、「ああ、とうとう死ぬのだな」と覚悟しようとしたとき、体が軽くなった。

だが、「まだ死にたくない。このまま死ぬのは残念でしょうがない」とためらっていたためか、なかなか死なない。その間にも、呼吸は苦しいは、心臓や他の内臓が暴れるはで、気も狂わんばかり。そこで、いよいよじたばたするのをやめ、心の中で「静まれ」と念じたところ、それまで暴れていたものが全部なくなった。

次の瞬間、スーッと身体が後方に下がり、自分自身が完全に体から離れた。その自分自身は、ベッドに寝ている自分の身体を見ることができた。母親ら家族が森さんを発見し、「わーわー」騒いでいるのが聞こえた。やがて、部屋の壁など今まで実体として捉えていたものが、だんだん透明になったかと思うと、まったく別の世界が目の前に現われた。

その世界は、地球を透過した向こう側の宇宙のようで、星が無数にあった。不思議なことに、その宇宙には人がたくさんおり、右前のところに、一生懸命修練している印象の髭をたくわえたおじいさんが、左前上方には、無限の愛を育んでいる印象を受ける女性たちが見えた、という。

森さんはさらに、光の柱を見たり、「シュンシュンシュン」と回転振動する「ミクロ世界のエネルギー音」を聞いたりするなどの体験をするのだが、そうこうしているうちに、医者が来て応急処置をしたため、一命をとりとめた。

森さんはその別の世界について、「その世界こそが本当の世界で、それまで現実の世界と見えたのはまったくの夢の、ウソの世界だなと思った。我々のいるこの現実界はある意味で錯覚に過ぎず、我々は幻覚の中に生きているような気がしてならない」と話している。

歴史に見る幽体離脱体験

森東一郎さんらとおなじようなことは、実は過去にも歴史上の人物らが体験している。中でも一番有名なのは、一八世紀のスウェーデンの科学者エマニュエル・スウェデンボルグ（一六八八〜一七七二年）だ。宮廷付き牧師兼貴族院議員の父を持ち、二一歳でウプサラ大学を卒業。スウェーデン国鉱山局の特別監査官の仕事をする一方、数学、物理、化学、天文学、解剖学などおよそあらゆる部門の科学を究《きわ》め、発明家や哲学者としても知られ、当時、欧州第一流の学者であった。

そのスウェデンボルグが一七四五年、ロンドン滞在中に通常では目に見えない現象が見えてしまうという不思議な体験（霊視体験）をした。それをきっかけに、肉体をこの世に置いたまま、意識体だけが彼の言うところの「霊界」を行き来することができるようになったり、宇宙の他の惑星の住人と交信できるようになったりしたのだ。彼の意識体が見聞きしたという霊界や宇宙については、彼の著作に詳しく書かれているので、ここでは触れない。それとは別に、彼も幽体離脱を経験しているので紹介しよう。

スウェデンボルグがある日、スウェーデン西部の都市ゴッデンバーグの友人宅で昼食をとっていると、急に意識が薄れだし、意識だけが肉体を離れ、何か乗物に乗せられ空を飛んでいるようになった。混濁と恐怖で狼狽《ろうばい》しながらも、次第に意識がはっきりとしてくると、数百キロ離れた生まれ故郷のストックホルムの町が見えてきた。町は火に包まれ、人々が騒いでいた。彼は「自分の家も燃えてしまうのではないか」と心配になったが、どうすることもできない。何時間、そうして見つめていたかわからないが、火はやが

幽体離脱を体験したという人は多い

て収まり、彼の家の三軒手前で止まった。

意識が再びゴッデンバーグの友人宅に戻って、彼が今見たことを友人に話しても、彼らは何のことかさっぱりわからない。ところが、それから数日経って、ゴッデンバーグにストックホルムの火事の報告がもたらされるや、スウェデンボルグの見たことが事実であることが判明した。ちょうど彼が火事を見ていたその時間に、ストックホルムは火に包まれていたのだ。しかも、火は正確に、彼の家の三軒手前で収まっていた。

江戸時代の随筆集『譚海《たんかい》』と『耳袋《みみぶくろ》』が伝えるところによると、長崎のオランダ人の通訳をしていた男の人が故郷に残した妻と子（『耳袋』では母親）が恋しくなった。鉢の中の水を見ていると、故郷の自分の家が見えてきて、垣根越しに家の中を見ていると、何とそこにいた妻と目が合った。その後、その通訳が実際に故郷に帰って確認したところ、妻もそのとき、垣根の向こうに夫が見え、声を掛けようとしたら消えてしまったのだという。

古典の話は多分に誇張などもあり、真偽のほどはよく分からないが、先に紹介したように探検家でもある西丸震哉は現代において、インドからの「魂の帰宅実験」を成功させている。

西丸は言う。「私の場合は、行った先で全盲状態だったり、洗濯機に足をぶつけたりするなど特異かもしれないが、とくに修行を積んだこともない私ができるのだから、やろうと思えば誰でもできるのではないか。UFO、テレパシー、幽体離脱といったものはまだ、今の人間にはわからないだけのこと。そういったことを頭から否定するようなやつは科学者ではない」

●――金星人はいるのか

西丸震哉が主張するように幽体離脱がどうやら実際にできるらしいとなると、あとは金星人の存在が議論の焦点となってくる。

おそらく最初に金星人と出会い、彼らの母船に乗って金星に行ったと公言、世界中から注目されたのは、米国のジョージ・アダムスキー（故人）だ。彼は一九五二年一一月二〇日、カリフォルニア州の砂漠で、友人ら数人と巨大な葉巻型の宇宙母船を目撃。その母船から出てきたとみられる六、七メートルの小型円盤の乗組員（金星人）と個人的に会見した。

それをきっかけとして、アダムスキーは金星人の母船などに乗せてもらい、何度も宇宙空間を旅し、金星や土星に着陸。宇宙を自由に飛び回ることのできる「スペースブラザース」の宇宙哲学を学んだり、地球の代表として太陽系会議に参加したりした。

彼は終始一貫して、金星には地球人の想像を絶する高度な科学と精神文明を持った知的生命体がいると主張。当時、金星を観測し、「金星の表面温度は高温で生命の存在には適さない」などのデータを送ってきたマリナー2号についても、「地球の観測装置がまだ発達していないため、正しい情報が伝わっていない」「仮に正しい情報が送られてきていたとしても、科学者や政府は真相を隠している」などと真っ向から反論した。

アダムスキーの主張は、金星人がいるというだけにとどまらず、月には既に宇宙基地があり、将来、探査機が着陸しても政府はそのことを公表しないであろうこと、太陽系には一二の惑星があり、それぞれに生命が存在すること、肉体は譬《たと》えれば家屋や衣服にすぎず、元素の支配者である生命（魂）、あるいは実体に死は存在しないこと、宇宙は絶え間なき変化の状態にあり、それゆえに、生命は古い肉体から新しい肉体へと転生しながら、より高いものへと進化していくこと――などに及んだ。

この驚くべきアダムスキーの体験について、UFO研究家の間でも賛否両論が沸き起こった。主な焦点は、金星に宇宙人がいるかどうかということと、アダムスキーの撮った宇宙母船や小型円盤の写真が本物かどうかということだった。

写真に関して言えば、六インチの反射望遠鏡で撮られた、非常に鮮明なアダムスキー型円盤や葉巻型母船の写真が多数残っているが、彼の写真はあまりにも鮮明であるため、「こんなにはっきり撮れるはずがない」などと、逆に多くの研究家によって偽物のレッテルを貼られた。

金星人の存在については、NASAの無人金星探査機パイオニア金星号などによって、表面温度は摂氏四八二度、大気圧は地球海面上の約一〇〇倍であることがわかり、人間のような知的生物はおろか、いかなる生物も生存できないのではないか、ということで科学的に〝決着〟している。

これに対して、アダムスキー擁護派は、「アダムスキーと同タイプの円盤が世界各地で目撃され、写真にも撮られている」「大国政府は、世の中に大混乱が起きるという理由で、あえて真実を公表していない」などと反論するが、現代科学の〝常識〟の前で、金星人が存在するという説は、いかにしても肯定することはできず、一般には、アダムスキーは世紀のペテン師ということになってしまった。

それにもかかわらず、北川恵子をはじめ多くのUFOコンタクティーたちは、金星人が存在することに疑う余地はないと口を揃える。彼らは別にアダムスキーの信奉者ではなく、自分の体験からそう断言する。しかも、金星はこの太陽系の窓口的役割を果たしており、太陽系の事柄についてはすべて、金星で開かれる会議を経て決定されるというのだ。それが正しければ、アダムスキーは真実を語っていたことになる。

確かに金星は、人が住めるような環境ではないのだろう。だが、高度な科学技術があれば、巨大なドームの中や地底に都市を築くことも可能であろう。あるいは、スウェデンボルグが『宇宙間の諸地球』で示唆しているように、太陽系の各惑星には次元の異なる世界が存在し、それぞれの世界に住人がいるのかもしれない。

これは夢物語であろうか。それとも私たちが、いつの間にか〝常識〟の虜《とりこ》になり、真実を受け入れることができないほどに盲目になってしまったのか。その結論は、今はまだ分からないかもしれないが、やがては時が明らかにしてくれると考える。

7 UFO目撃！

日航貨物機による目撃

UFO（未確認飛行物体）の目撃例は信じられないほど多いにもかかわらず、依然未確認だとしてまるで御伽噺《おとぎばなし》のように扱われている。しかしその目撃例の中で、非科学的な〝常識〟に洗脳されていない人ならこれは本物だな、と納得せざるをえないケースが少なくとも二例はある。本物とは、他の惑星から飛来したとみられる飛行物体であるということだ。

その二つの例とは、日本航空のジャンボ機貨物便機長がアラスカ上空で目撃した巨大UFOと水産庁の調査船が海上で捉えたUFOの機影だ。いずれも一九八〇年代後半に目撃された、きわめて信頼性の高い目撃情報である。

日航機長の目撃は、私の元勤務先である共同通信社がアラスカ発で最初に報じた。一九八六年（昭和六一年）一一月一七日夜、パリ発東京行きの日航ジャンボジェット貨物便を操縦する寺内謙寿《てらうちけんじゅ》機長（当時四七歳）らが、アラスカ上空で巨大なＵＦＯに遭遇した。

目撃時間は、約五〇分間。「最初は赤みたいな白みたいな光が見えた」と寺内機長は言う。その光体は二つで、二〜三マイル（約三〜五キロ）前方、二〇〇〇フィート（六〇〇メートル）下方にあった。寺内機長は最初、それを飛行機だと思ったが、管制センターに問い合わせても「そのような飛行機は飛んでいない」という。

その七分後、それまで下方にいた二つの光体が突然、瞬間移動したようにやや上方一五〇〜三〇〇メートルぐらいのところに現われた。それぞれの大きさは「ＤＣ８の胴体ほど」で、三〜五分ほど一緒に飛んだという。

少しして今度は、同じ方向に別の青白いライトが二つ現われた。再び管制センターに確認するが、レーダーには何も映っていない。そこでジャンボ機のレーダーで調べると、大きな円形の物体が映っていた。二つの光の間隔は常に一定で、「前方から七時半か八時の方向へ移って」行ったのに変わらなかった、という。

やがて、フェアバンクス市に近づいたとき、地上の明かりにより、その飛行物体のシルエットが浮かび上がった。鍋を二つ合わせたような形の巨大な円盤型飛行物体だったのだ。二つの等間隔の光は、中央部の輪の両端が光っているためであることもわかった。大きさは、ジャンボジェット機が何機も積載できるような「航空母艦並みのサイズ」で、「宇宙母艦」と呼べるものであった、と寺内機長は証言する。
右旋回すると、その宇宙母艦は視界から消えた。「もう、大丈夫だろう」と水平飛行に戻ったが、宇宙母艦はまるで見事な編隊飛行をしているように現われた。ちょうどフェアバンクス空港から旅客機が上昇中だったので、管制センターがその旅客機にも確認するよう指示したが、ちょうどその旅客機とすれ違うと同時に宇宙母艦は姿を消したという。

面白いのは、副操縦士を含む他の二人もその飛行物体を目撃したが、見え方に差があったことだ。寺内機長のほうが、はるかにはっきりと物体を目撃していた。これについて寺内機長自身は、自衛隊時代に夜間、有視界訓練をやった経験が生きたのではないか、としている。

この後間もなく、フィリップ・クラスという、一応権威があるらしい航空雑誌の胡散《うさん》臭い編集長がしゃしゃり出てきて、「あれは星を見誤ったのだ」という突拍子もない説を流し、多くの人はそれにだまされてしまった。UFO研

日航機長のＵＦＯ目撃は大々的に報道された

究家の間では、クラスは何でもかんでも、UFO目撃に茶々を入れる〝札付き〟で知られていた。

　クラスの星誤認説をまともに扱った日経新聞のコラムニストは、「機長が見たUFOは星の誤認であることがわかった」という趣旨のコラムを書いてしまった。これを見た東京・五反田に当時あった「UFOライブラリー」の荒井欣一館長（故人）が抗議したところ、そのコラムニストは荒井氏に事実上の謝罪に訪れた、と荒井館長は話していた。

　フィリップ・クラスの「言いがかり」のせいで、寺内機長はその後、メディアの取材を一切受けなくなってしまった。一説には会社から口止めされたとも、左遷させられたともいわれている。私にも消息はわからない。

　結局、人間はかなり深刻な〝常識〟の虜になっているので、自分の常識の範囲内である説に傾倒する傾向がある。そのいい例が日経コラムニストの反応だろう。有視界飛行のベテラン日航機長の証言よりも、素性《すじょう》もわからぬ航空評論家の説を信じてしまう。どう考え

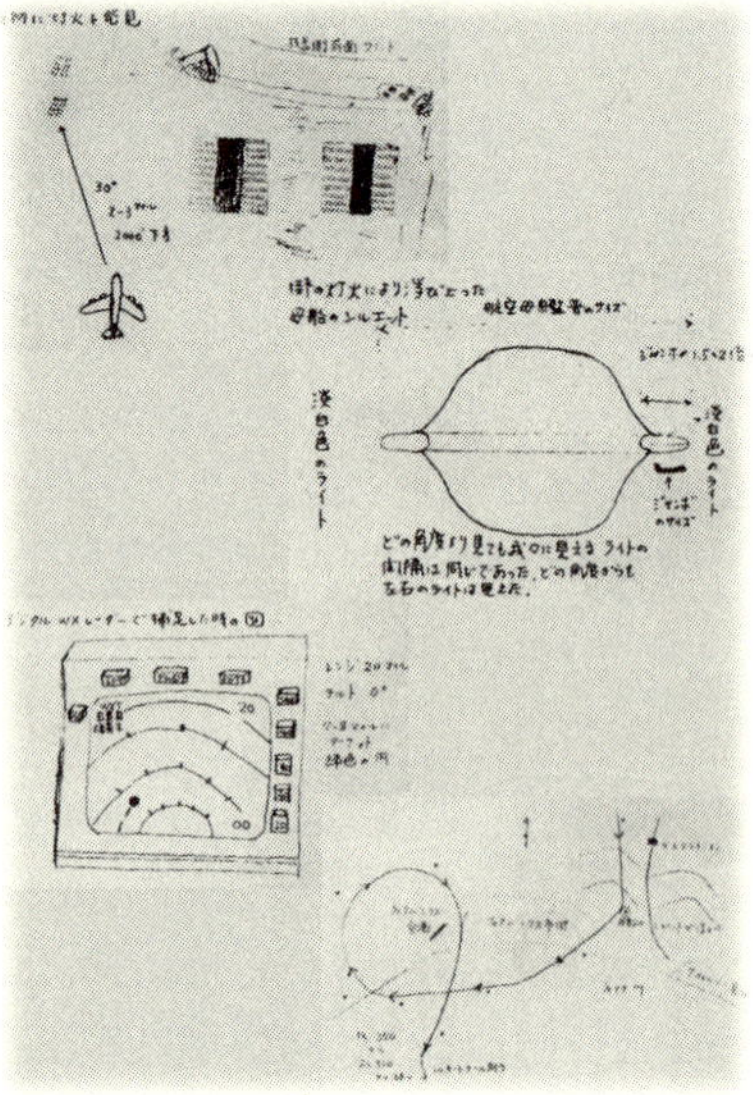
寺内機長が描いたとされる巨大ＵＦＯのメモ

ても、星と見間違えるはずがないのに、「ああ、星だったのだ」と安心したがる心理が働くようになっているのだ。

●――開洋丸による目撃

水産庁調査船「開洋丸」の乗組員が目撃した未確認飛行物体も、きわめて信頼のおける例であることは言うまでもない。彼らが寺内機長と同様に目視確認のプロであったというだけでなく、レーダーでも巨大UFOが確認されているからだ。

開洋丸乗組員によるUFOの目撃は、公表されているものだけで二回ある。一度目は、一九八四年（昭和五九年）一二月一八日。南極ウェッデル海とドレーク海峡の調査を終え、南米ウルグアイのモンテビデオ港へと向かう途中であった。現地時間で午前零時一〇分から同一時三五分までの間に八つのUFOが目撃された。

最初に目撃したのは、乗船経歴一〇年の次席二等航海士の船戸健次であった。他の三人と当直の最中、船首方向（北）上空のオリオン座付近から右方向に動く黄色っぽい光を見つけた。二等星ぐらいの輝きで、最初は人工衛星かと思ったが、動き方がおかしい。フラフラと飛んでいたかと思うと、途中で加速したような感じでスーッと飛んだりする。流れ星や人工衛星の動きと明らかに異なる動きをするのだ。光はフラフラ、スーッを繰り返しながら南東方向に飛んで行き、やがて視界から消え去った。その間の時間は数分であったという。

　あれは何であったのか。このとき船戸はあっけにとられていたため、他の乗組員に声を掛けることができなかった。しかしその一〇分後、再び同じオリオン座付近から同様な光が出現したときは、「オイ、あれを見ろ」と声を上げた。他の三人が船戸の指差す方向に振り返ると、そこには奇妙な光があった。光はフラフラ、あるいはジグザグといった形容ができるような飛び方をしたかと思うと、急に明るく輝き、数秒の後、また元の明るさに戻り、一回目同様、水平線の彼方へと飛び去った。

　不思議な光は、その後一〇分おきに次々と現われた。出現の初認場所はいずれもオリオン座付近で、船戸の最初の目撃から数えて全部で八つ。うち二つが船首の先の水平線、つまり北方向に飛び去り、四つが東方向へ、残り二つは開洋丸を越えて南方向へ飛び去った。

　八番目の光は、就寝中を起こされた乗組員一人を加え、計五人で目撃した。その光はフラフラといった感じの軌跡でゆっくりと数十秒かけて下降、次に東方向に進路を変更するとともに高スピードの直線飛行となり、水平線にほぼ平行に移動して彼方の大気中に消えた。皆、視認のプロであった。目撃者同士で何度も検討を重ねた結果、明らかに人工衛星とも流れ星とも違う未確認飛行物体であったとしか言いようがないということになった。

　しかし、この目撃よりもさらに衝撃的なＵＦＯとの遭遇がその二年後に起きたのだ。

●——レーダーが捉えたUFO

一九八六年（昭和六一年）一二月二一日に開洋丸がUFOと異常接近した「未知との遭遇」は、その飛行物体が明らかに開洋丸をターゲットに飛来した点で、きわめて衝撃的で興味深い。日航機長によるUFO目撃の約一カ月後に起きたということを考慮すると、何らかの関連性すら推測される。

開洋丸での二度目の目撃者は、一度目の目撃者とは異なる乗組員であった。同年一二月一五日に東京港を出港し、カリフォルニア沖合海域調査に向かう途中の出来事だ。場所はウェーク島北方の中部北太平洋上で、開洋丸はミッドウェー島の方角に進んでいた。

目撃時間は、現地時間の午後六時から深夜までの約六時間にわたった。最初にその謎の物体に気づいたのは、乗船経歴一八年、当時三九歳の佐々木洋治・主席二等航海士であった。その日の日没は午後五時〇六分。夕闇が迫ってきたので、当直の佐々木は午後六時、船の近くに他の船舶が航行していないかを確認するため、レーダーを使うことにした。

レーダーのレンジ幅（走査できる最遠距離）を一二マイル（約二〇キロ）に合わせたところ、いきなり船の左舷側（北方向）約三マイル（約四・八キロ）に巨大な楕円形の物体を捉えた。佐々木はこれまで、このように大きな影像をレーダーで見たことがなかった。驚いて左舷方向を見たが、何も見えない。三マイルの距離であれば、飛行機でも船舶でも当然見えるはずであった。

「おかしいな、何だろう」と、不思議に思った佐々木は室外に出て、レーダーが捉えた方向に双眼鏡を向けた。だが、やはり何もない。灯火もなければ、音もしない。再び、レーダーを見ると、その大きな影像は、船から北方向へどんどんと離れていった。

午後八時に当直を交代するとき、佐々木は次の当直者に、レーダーが捉えた奇妙な影像のことを伝えた。「何かいるけど、何かわかんないよ」

レーダーは当直ごとに二台のレーダーを交互に使用することになっているので、午後八時からの当直では、佐々木が使ったレーダーとは別のレーダーを使用、二四マイル（約四〇キロ）のレンジ幅で走査した。すると午後八時半、再び楕円形の大きな影像が現われた。洋上であるならば、巨大タンカーとしか思えない大きさだった。

しかも今度は、開洋丸の進行方向（東の方向）から開洋丸に向かってどんどんと迫ってくる。残り五マイルとなったところで、その影像は船の左舷方向へと回り込み、開洋丸の周りを時計の反対周りで二周した。二周後、その影像は左舷前方約一〇マイルの位置から、突如直角ターンして、開洋丸に向かって突っ込んできた。びっくりした当直の三人は、侵入方向を目を凝らして見つめたが、何も確認できない。

このように動く物体は海上ではありえない。おそらく飛行物体なのだろう。そのレーダー上の「未確認飛行影像」は、左舷前方一・五マイルの至近距離まで接近した。レーダー影像を判読すると、その物体は三マイル進むのに約四秒しかかかっていない。秒速一・四キロ、時速に換算すると五〇〇〇キロ、マッハ四強の超高速だ。その間、当直者は必死になって飛行物体を双眼鏡で探すが、まったく見えない。一体、何が起こっているのか!?

●地球の常識を超えた飛行

驚くべきことは、次の瞬間に起きた。超高速で船から一・五マイルまで異常接近してきたその巨大な飛行物体は、突然何の前触れもなしに進入方向とほぼ同じ方向へ後退したのだ。つまりUターンではなく、事実上Vターン、Iターンともいうべき方向転換をしてのけた。地球上のいかなる飛行物体も成し遂げられない飛行パターンであった。

このとき、レーダーにはもう一つ同じ形をした影像が映っていた。左舷前方一〇マイルの地点だ。その物体は静止していた。二つの謎の飛行物体は午後一〇時四〇分には、レーダー視界から消え去った。

一・五マイル接近でもレーダーに反射するということは、レーダーの垂直ビーム幅からみて、飛行物体の高度は五〇〇メートル以下の低空飛行であったことになるという。ここまで接近したら、飛行機なら当然その爆音が聞こえてしかるべきだが、聞こえなかった。いずれも地球上の常識では理解できない現象であることは、明白だった。

この夜は、これだけで終わりではなかった。クライマックスは三〇分後にやってきた。午後一一時一〇分、今度は船尾方向（西方向）に出現、開洋丸に向かって再び突進してきた。背後からその物体はパッパッパッと迫る。当直者は双眼鏡で船尾方向を必死になって探す。だが、満月の夜にもかかわらず、何も見えない。当直者たちは焦った。

その間にも、物体はドンドン近づいてくる。「来た！　来た！」「ぶつかるぞ！」。レーダーに張り付いていた当直員が叫ぶ。その飛行物体がレーダー上で開洋丸とほとんど重なろうとしたとき、レーダーの垂直ビーム高度外に出たためか、レーダー上から機影が消えた。次の瞬間、それぞれの当直員によって聞こえ方は異なったが、「ブォー」「グォン」「ドォン」という、物体が風を切り裂くような音が響いた。大爆音ではなく、車のエンジン音よりも小さな音で、衝撃も振動も感じなかったという。

音が聞こえた瞬間にレーダーを覗き込んでいた甲板員の村塚正信だけは、音以外のことを知覚した。その瞬間、その物体が飛び去ったとみられる船首方向を見た村塚の目に、奇妙な影像が飛び込んできた。船首先の水平線上に、「卵をつぶしたような形」の赤みがかった黄色の光が、パーッと広がるように輝いたのだ。その光の高度は「空に浮いていた積雲よりも低く、（仰角で）一〇～一五度の高さであった」という。その間、一～二秒であった。

「あっ、いた！　いた！」と村塚は叫んだ。だが、船尾や右舷側にいた他の当直者は見ることはできなかった。音については、船長室で休息していた船長も聞き、当直に電話を掛けてきたが、「飛行機だろう」として意に介さなかったという。

その後三〇分間、物体はレーダー上から完全に消えた。午後一一時四五分、右舷後方（南西方向）七〜八マイルの位置に、再び巨大な影像が現われたが、約五分でレーダー視界から消え、その後現われることがなかったという。

以上が、開洋丸乗組員が目撃・観測したＵＦＯの記録である。日経サイエンス社の科学雑誌「サイエンス　日本版」一九八八年九月号にその詳細が報告された。その報告書を書いた海洋水産資源開発センター開発部開発一課調査員の永延幹男《ながのぶみきお》農学博士によると、二台のレーダーに映ったことからレーダーの故障ではありえないこと、ベテランが操作しているのでレーダー操作ミスによる虚像とは考えにくいこと、電波灯台による現象とも違うこと――などから、人の目には見えない「レーダー電波を反射する飛行物体」が存在していたという結論が導き出されるという。

では、そのような飛行物体とは何なのか。

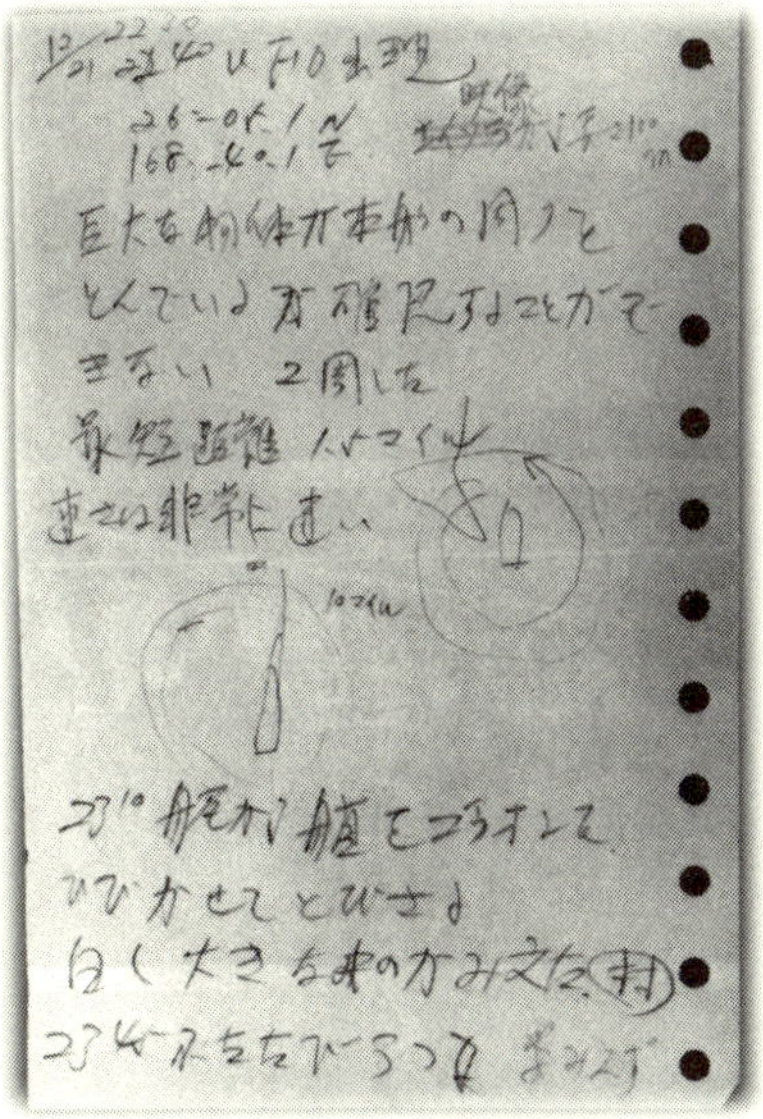

「サイエンス 日本版」に掲載された開洋丸のＵＦＯ遭遇記録

飛行軌跡から判断して「地球上の常識的な飛行機とは明らかに違う」と永延は言う。それこそ、他の惑星から飛来した宇宙船である可能性が強いわけだ。永延はこの報告書を書く際、他の数十人の長期航海者に、これ以外の遭遇例がないかどうか聞いたところ、三件あったという。

私も記者として農水省を担当していた一九九一年ごろ、海洋水産資源開発センターを訪れ、開洋丸でUFOを目撃した人に直接、話を聞いたことがある。手元に名刺が見当たらないので、誰に聞いたかは定かではないが、目撃例はもっとあるのではないか、との話だった。その人も間接的にしか聞いていないと言っていたが、航行中に海中から飛び出してきた巨大UFOを見た人もいるのだという。

目撃の余波

この開洋丸のUFO遭遇に関しては、あの札付きのフィリップ・クラスがいちゃもんをつけたという話は聞かない。おそらく日本国内の科学雑誌なので、情報が伝わらなかっただけの話であろう。聞きつけていたら、また得意の「星誤認説」を展開したであろうことは想像に難くない。

寺内機長や開洋丸乗組員の目撃すら信じられない人はおそらく、自分の目の前にUFO

が着陸しても「目の錯覚」として片付けてしまう人であろう。あるUFOコンタクティー（UFOと何らかの接触をしている人）は「地球人は、UFOを一回見ただけでは信じられないから、次から次へと証拠を求める。宇宙人はそのような際限のない欲望には付き合っていられないのだ」と話していた。

そのコンタクティーによると、UFOの目撃には綿密に計画された意図があるのだという。その個々の真意については定かではないが、目撃者のその後の人生を決定的に変えるための場合が多いようだ。ただし、その人の人生が、一般の価値観からみて「好ましい方向」に変化するとはかぎらない。たとえば寺内機長は、UFOとの遭遇を明らかにしたために、会社内で仕事をしづらくなったかもしれないし、事実上左遷させられたのかもしれない。

しかし、UFO側の理由はもっと次元の異なるところにある。複数のコンタクティーの話を総合すると、目撃者の社会的な成功とは別の次元で、その人に働きかけてくるようだ。UFOを目撃する人はUFO側から特定される場合が多いのだとも、コンタクティーたちは言う。しかも、UFO側はかなり高度な科学技術を持っているので、たとえば一〇人の人が並んでいて、右から二番目と左から三番目の人だけに、UFOを目撃させるという「離れ業」も難なくこなしてしまうのだという。

すると、寺内機長もUFOを目撃するべくして、目撃したことになる。寺内機長だけがはっきりとＵＦＯの形が視認できたのも、有視界飛行のベテランであるというだけでなく、そうした理由があるように感じられる。同様なことは、開洋丸乗組員による目撃についても言える。あれだけ開洋丸の周りをぐるぐる回ったり、真上を飛んだりしたのは、何人かの乗組員に目撃されるという特定の目的があったのだということが推測される。前にも触れたが、寺内機長が目撃してから約一カ月後のことであるのも意味深長だ。

エンリケ・バリオスの『宇宙人アミ』（徳間書店刊）にも、そのあたりのことが書いてあるので、興味のある方は読まれたらいかがだろうか。『宇宙人アミ』はバリオスのフィクションであるかもしれないが、きわめて真実に近いことが書かれていると思われるので、お薦めだ。

出現した巨大ＵＦＯ

日航機長や開洋丸乗組員以外の人々によるＵＦＯ目撃例をいくつか挙げよう。いずれもわくわくするような話であった。中には、私でも信じられないような目撃例もある。私の想像力が足りなかったと指摘されれば、その通りであると認めざるをえない。

たとえば、都会の真ん中で全長数百メートルもあるような巨大ＵＦＯを目撃したというＵＦＯコンタクティーもいた。誰もが「まさか」と思うはずだ。まず驚くのは、その大きさだ。地球上の乗物なら、スペースシャトルで全長約三七メートル、ジャンボジェット機でも約七〇メートルでしかない。その数倍から一〇倍以上はありそうだ。

そのような巨大UFOが都会の真ん中で出現したら大勢の人が目撃し、パニックになったはずではないか、と疑問に思われる人もいると思う。私も実は、そのように聞き返した。すると、そのコンタクティーはおおよそ次のように語った。

「テレパシーで呼ばれて夜空を見たら、そのときだけ雲が切れて、雲の向こう側に巨大UFOが見えたのです。そのとき私も、もっと大勢の人が見れば信じてくれるのにと呼びかけたら、そのような恐怖心や驚きを与えることは我々の目的ではない、との返事が返ってきました」

この話が本当だとすると、UFO側は目的のない目撃は極力させないとの意思をもっていることになる。開洋丸の遭遇でも明らかなように、UFO側のテクノロジーはかなり高度で、レーダーに映っても肉眼では見えなくすることは朝飯前のようだ（もちろん、その逆もできる）。都会の上空で数百メートルの大きさのUFOを、目撃されることもなく滞空させることもできるのだろう。

巨大UFOの目撃例は多い。寺内機長が目撃したお釜型UFOも、機長が書いたスケッチを見ると、幅六五〇メートル、高さ三五〇メートルはあったとみられる。開洋丸のレーダーに映し出された機影の大きさは、レーダーがどれだけ正確にその物体を捉えたかはわからないが、三一五メートルぐらいはあると思われる。

取材メモが見つからないので正確ではないが、大分・別府《べっぷ》温泉で、映画『未知との遭遇』の最後の場面で出てくる母船ぐらい大きなUFOを見たと証言した人もいた。巨大UFOではないが、身長三メートル以上の巨大宇宙人に会ったという人も長崎県にいた。

しかしこうした巨大UFOも、画家の岡美行《おかよしゆき》から見れば「小さなおもちゃ」に過ぎないのかもしれない。なにしろ「全長二〇キロ以上のUFO」に乗船しただけでなく、操縦したこともあるというのだから……。

本当に岡氏は、超巨大UFOに乗船したのだろうか。

岡美行が見たUFO

岡美行はシュールレアリズム（超現実主義）の画家である。しかし、「超現実」であるのは、彼の絵だけではないらしい。彼が体験したと主張するUFOとの遭遇は、完全に（そして文字通り）宇宙の彼方まで〝飛んで〟いる。

最近では、大槻ケンヂが『のほほん人間革命』（宝島社刊）や自分の番組で取り上げるなど岡美行が脚光を浴びたが、岡は一九七〇年代からUFOコンタクティーであると公言してはばからなかった。横尾忠則の「お友達」でもある。

私は一九八〇年代に、東京・自由が丘のそばにある岡美行の自宅に取材に行った。けちなのか貧乏なのかわからなかったが、暗くなっても電気をつけず（あるいは電気を止められていたのかもしれない）、ろうそくに火をともし、その周りに鏡を立てて、明るさを増幅させていた。私は図らずも「なるほど、うまくやるものだな」と感心してしまったのを覚えている。ただし、家の中はいっそう不気味になり、UFOの話なのか怪談なのかわからなくなってしまった。

岡美行の話はそれだけ不気味であった。

岡が最初にUFOを見たのは、一九四五年（昭和二〇年）五月二四日午前一時から同三時ごろ。空襲警報が激しく鳴り、周囲の家が火の海になったとき空を見上げると、B29爆撃機の下をオレンジ色の光体がフラフラと飛んでいた。その後、母親の実家がある和歌山・由良《ゆら》に疎開しているとき、友人と流星観測中に白い物体が頭上を飛んで行き、乳房山の山頂付近で急上昇するのを目撃している。

その二回の目撃後、二五年以上経ってから岡は第三回目の目撃をする。その兆しは一九七三年（昭和四八年）九月ごろから始まった。身の周りで次から次へと不思議なことが起こりはじめたのだ。ちょうど絵画の作品展で忙しい時分だった。

まず、「ヨッチャン」と岡を呼ぶ声が耳の中で聞こえるようになった。台所や本棚のガラスがバーンと音を立てるようになった。外でドドーンと音がすることもあった。そして、同年一二月二日の午前一時から四時にかけて、とうとう事件が起きた。

●――UFOに乗って別の惑星へ

岡美行はそのころ不眠症で、夢を見たかと思うと覚めて、また夢を見るという状態の繰り返しだったという。

その夢の中で、電話が鳴ったので岡が受話器を取ると、最初は女の声で、次に男の声で「ワハハ」と笑っているのが聞こえた。そこで目が覚めて、また寝ると変な夢を見る。今度は近所の通りを歩いていると、後ろから途方もなく大きな黒い物体が追いかけてきた。岡がびっくりして逃げ出した途端に目が覚めた。

ところが目を覚ますと、岡のそばにはコバルトブルーのウエットスーツを着た身長二〇センチほどの小人がいるではないか。思わず左右を見回すと、驚いたことに、寝ている自分がいる。しかも、寝ている自分に向かって、何かを向けている別の人影があった。身長一メートル六〇センチぐらいの真っ黒な宇宙人だった、と岡は言う。「僕はそのとき、夢から覚めてちゃんと起きていた」

その後、岡は寝ている自分に戻ったところ、目の前に同心円が二つある銃口のようなものが見えた。多分、その黒い宇宙人が寝ている岡に向けていたものだろう。岡がその「銃口」を見ていると、足からしびれてきて気絶してしまった。気がつくと、乳白色のドーム型円盤に乗っており、その円盤はパァーッと急上昇したという。

以来、岡はしばしば夜になると円盤に乗っては、いろいろな惑星を訪れるようになる。あるときは、頭に外科手術のようなことをされた。そのとき岡は、頭蓋骨《ずがいこつ》をパカッとはずした自分の脳みそを見せられたとも言う。

私が夢と現実がごっちゃになっているのではないか、と質問しても、「絶対夢ではない」と譲らない。「私も夢ではないかと宇宙人に聞くと、宇宙人に怒られるのだ」と岡は言う。

岡は数え切れないほど多くの惑星を訪問した、と言う。それぞれの惑星では、その惑星の住人(宇宙人)の体に入って、実際にその惑星での生活を経験したのだという。ある惑星ではカニのような体の宇宙人を「体験」、そのときは長いはさみの付いた手を動かしたりして面白かったと岡は語る。

非常に変わった経験だ。宇宙人の体の中に入り込むというのだから、おそらく霊が憑依《ひょうい》するような方法で、その宇宙人に取り憑いたのであろうか。

岡は宇宙船も操縦させてもらったという。小さい宇宙船から大きい宇宙船まで。「どのくらい大きいのですか」と聞くと、「全長二〇キロぐらいかな。とにかく大きい。地球人の想像をはるかに超えている。しかも、単なる乗物でもないようだ」と言う。

全長二〇キロといえば、東京駅から川崎市を通り越して、横浜市鶴見区に至ってしまうような距離だ。空いっぱいを、そのような巨大宇宙船が覆っていることを想像する。確かに、信じられないくらい大きな宇宙船だ。

岡はまた、自分が訪れたという惑星の都市の絵をたくさん私に見せてくれた。中央に尖った巨大な塔がある都市など、いずれも地球上にはないような都市であったが、想像力を駆使すれば描けるような絵でもあった。

「ピラミッド・アズ・ミラクル」という宇宙を舞台にした「実話」を書いているとも言っていた。詳しい内容は明らかにしてくれなかったが、地球にあるようなピラミッドは、実は他の惑星にもあって、宇宙の秘密が隠されているのだという。しかし今日に至るまで、その「実話」が公開されたという話は聞かない。

8 秋山眞人と惑星間の転生

カミングアウト

岡美行の惑星探訪の話に比べたら、秋山眞人《あきやままこと》の宇宙人との遭遇体験などはかわいいものだ。というよりは、まともな体験に思えてくる。

秋山眞人とは、一九八〇年代後半に彼が編集長を務めた月刊誌「ボストンクラブ」に私が原稿を書いて以来の付き合いだが、当時から近しい人に対してや小さな集会では、自分が他の惑星に行ったことがあることを明らかにしていた。ただ公には、その話はご法度《はっと》で、私も実名で書いてもいいかと聞いたら、「社会的に袋叩きに遭うので、勘弁してくれ」といつも断られた。

しかしその秋山も、一九九七年（平成九年）春に「カミングアウト」する。なんでも、宇宙人から本を書くように頼まれたからだという。そのときは当然躊躇《ちゅうちょ》した、と秋山は述懐する。

「なぜ、今、私が発表しなければならないのですか」と秋山は聞いた。すると、次のような答えが宇宙人から返ってきた。「今年（一九九七年）は君たち人類にとって、そして地球にとって大きな変革の年である。その大きな変革のときに、われわれの真の姿を公表することは大きな意味があるのだ。それをわかってほしい」

その宇宙人の真剣な眼差しを見たら、断ることはできなかった、と秋山は言う。秋山は、宇宙人との関係を洗いざらい公表することにした。それが、一九九七年四月に出版された『私は宇宙人と出会った』（ごま書房刊）であった。

その本と私が取材した話などを総合すると、秋山が体験したという宇宙人との驚異の遭遇記録は次のようなものだ。

秋山が最初にUFOを目撃したのは、一九七〇年代半ば、中学二年、一五歳のときだった。そのころの秋山は、友達のいない寂しい少年であった。というのも、父親の仕事の関係で引越しが多く、転校先でいじめられることが多かったからだ。静岡の田舎の学校に転校したときもそうであった。友達ができず、寂しいので、秋山は自宅の裏に広がる風景の中で鳥やリス、ウサギなどを眺めては気を紛《まぎ》らわせていた。

そうしたある日、テレビでUFO特集の番組があり、テレパシーでUFOを呼び出す方法というものが紹介された。秋山はこの話に飛びついた。秋山はそれまで、唯物論者の父親の影響もあり、こうした話は意図的に避けて育ってきた。しかし、秋山の当時の不安定な精神状態においては、まさに天からの助け舟のように思えたのだろう。「気楽な遊び感覚」ではあったが、テレパシーで宇宙に呼びかけてみることにした。

●――呼びかけに応答あり

夜の九時ごろから二時間ぐらい毎日、秋山は自宅二階にある寝室の窓から星空に向かってUFOに呼びかけた。「こちら、地球、日本の秋山です。私の気持ちが届くのであれば、はっきりわかる形で現われてください」。孤独な秋山にとって、それは魂の絶叫《ぜっきょう》でもあった。

しかし、一週間経っても、二週間経っても、UFOは現われない。見上げる夜空にも何の変化や兆しもない。ただ、秋山の心境にはやがて変化が現われた。最初は出てきてくれるのではないかという期待とやはり出てこないだろうなという不安が入り混じった感情だったのが、やがて「なんで僕はこんなことをやっているのだろう？　ノイローゼになるんじゃないか」と自分自身に対する不信感が生じた。そして最後には、「もうUFOなんてどうでもいいや」という気持ちに変わっていった。そのときまでには、星空を眺めるだけで妙に心が落ち着くことに気がついたのだ。

秋山によると、これがよかったのだという。超能力を発揮するときは、ギュッと緊張していたときにフッと力を抜く、その瞬間に力が発揮されるのだと秋山は言う。あることを念じていても、一歩引いて、あきらめたような、あるいは執着をなくしたような状態のときに、願いが叶うことがあるのだそうだ。

それは、呼びかけを始めてからちょうど三〇日目のことだった。とうとうUFOは出てこなかったが、それでも三〇日間も夜空を眺め通したという達成感が秋山にはあった。「毎晩、星々を無心に眺められただけでもよかったじゃないか。さあ今日はもう寝よう」と思いながら、重たい雨戸をガラガラと引っ張って、窓を閉めようとした。

その瞬間である。雨戸を閉じる途中、その狭くなった視界に、オレンジ色の光の玉が横切ったかと思うと、秋山の前方あたりで静止したのだ。ソロバン玉のような形で、本体はオレンジ色だが、その周りはうっすらと緑がかっていた。

ところが、あれだけ見たがっていたUFOが目の前に浮かんでいるのに、恐怖心がみるみると湧き上がってきた。「これは何だ!? こわい!」と秋山が思ったと同時に、オレンジ色の光体はフラッシュのような光を一瞬放ち、きれいなカーブを描きながらスーッと彼方へ消えていった。同時に、秋山の意識も薄らいでいった。

翌朝、秋山はしばらく考えていた。「あれは人工衛星ではないのか。自衛隊のジェット機ではなかったか」――。だが、色も形も、その飛び方も、明らかに人工衛星でもジェット機でもなかった。

やがてフツフツと、心臓のあたりから温かいものが湧いてきた。秋山の疑念は確信へと変わっていく。「UFOに間違いない！　私の思いは空間を超えて宇宙に届いたのだ！」

●――目の前に象形文字が

おそらくコンタクティーたちは、同じような経験をするのだろう。秋山が最初にUFOを目撃した翌日から、秋山の身の周りでは次々に不思議なことが起こるようになった。

最初に起きたのは、金属が変化することだった。秋山がスプーンなどの金属に触れると、金属の表面が荒れ、亀裂が入ってしまうのだ。秋山の周りにある電気製品も壊れはじめた。河原で遊んだ夢を見た翌朝には、布団の上に小石がたくさん落ちていることもあった。「超能力全開状態」となり、人間が光のかたまりに見えたり、頻繁に他人の想念が飛び込んできたりするようになった。

そうした急激な変化に対して秋山は、なす術《すべ》がなかった。想念が〝機関銃〟のように飛んで来て頭を悩ませ、苦痛だけが増していくようだった。しかし、そのような状態の秋山を救ってくれたのはUFOであったのだろう。学校の帰りや試験中など昼夜を問わず、秋山の前にUFOが出現するようになる。出現する前は決まって、耳鳴りのようなものが聞こえて、頭の上に脈動感のある圧力を感じたと秋山は言う。やがてUFOは、呼べばいつでも出てくるようになった。

秋山にとってよかったのは、UFOがクラスメートと一緒にいるときでも出てきてくれることだった。それまで友達がほとんどいなかったのに、「秋山といるとUFOが見られる」という話が広がり、友達がどんどんできて、すっかり人気者になっていった。

最初の目撃から半年ほど経ったある夜、秋山に再び不思議なことが起こる。寝床で休んでいると、突如、目の前が明るくなったのだ。びっくりして目を開けると、電気は消してあったので部屋の中は真っ暗なままだ。しかし目を閉じると、頭の中が煌々《こうこう》と明るくなる。「これは何だ！ 何か変なことが始まるのか」と秋山が不安に思っていると、まぶたの裏のその明かりの中に、はっきりとした黒抜きで、象形文字のようなものが浮かび上がってきた。慌てて目を開けると、その文字は消えて、暗闇になる。ところが目をつぶると、明るくなり、その文字が現われる。それは何度やっても同じだった。秋山は何か意味があるのだと思い、その文字をノートに書き写した。

面白いことに、一つの文字を書き写すと、次の文字が現われる。それをスケッチし終えると、また次の文字が現われるというように、全部で七、八文字をスケッチした。「映像的な意味でのテレパシーの受信の始まりだったんですね」と、秋山は当時を振り返る。

それからというもの、毎晩一〇時ごろになると、ビジュアルなメッセージが必ず送られてくるようになった。文字の形も段々と精密になっていった。静止画だったのが白黒の動画となり、やがて色がつき、立体的なイメージへと変わった。「触ることができるのではないかというほど、リアルなイメージに変わっていった」という。

秋山がそこまで鮮明な画像を受信できるようになるまで約三カ月かかった。テレパシーの訓練は段階を追って進められたようだ。次に送られてきたのは、動力部などUFOの各部の影像だった。「UFOに対する恐怖心を取り除くためだったのではないか」と秋山は言う。

それが終わると、つまり恐怖心を和らげる訓練が終了したところ、今度は人影のような影像が送られてきた。しばらくして、顔もはっきりとわかるようになった。するとその人物は「ようやくここまできた。今後もコンタクトを続けたいが、拒否したいならしてもいい」とテレパシーで語りかけてきた。秋山に迷いはなかった。「……続けてください」

●──シンボルを使った交信

こうして、秋山とその宇宙人との本格的なテレパシー交信が始まった。宇宙人には名前がなかったが、それでは秋山が混乱してしまうからという理由で、便宜上、「レミンダー」

と名づけられた。それは綿密なカリキュラムに基づいた個人授業を受けているようなものだった。〝講師〟も最初はレミンダーだったが、ベクター、グレマールなどとコンタクトの段階に従って変わっていった。

初期のころの内容は「善悪の基準とは何か、本当の人間の力とは何か、宇宙の実体はどうなっているのか」といった宇宙哲学の初歩的なものから、テレパシー開発法や心の調整法といった実用的な超能力開発法に至るまで多岐にわたった。

テレパシー交信はシンボルによる通信が中心だった、と秋山は言う。秋山がコンタクトした宇宙人には「サムジーラ」という影像システムがあり、彼らのテレパシーをシンボルに変換して送ってくるのだという。シンボルと言ってもただの記号ではない。そのシンボルには多くの意味が込められている。

「テレパシーは、伝えたい情報のすべてを一瞬にして伝えることができるのです」と秋山は言う。たとえば、自分が秋山であることを伝えようとした場合、秋山のプロフィールを含んだ情報のかたまりが、イマジネーションとして相手に直接伝わるそうだ。しかも、一瞬でその内容がわかる。

ちょっと話は飛ぶが、秋山が語るテレパシー交信の有り様は、エマニュエル・スウェデンボルグが精霊界で見聞きしたという「想念の交通」(霊界の住人の間で交わされる会話)というものに非常によく似ている。想念の交通では言葉も使われるが、私たちが数千語を費やさなければ説明できないことも、数語か数十語で事足りてしまう、とスウェデンボルグは述べている。つまり、一つの言葉にたくさんの情報を込めることができるのだ。

スウェデンボルグが描く霊界の文字も、秋山がテレパシー交信で使ったという文字（シンボル）に似ている。スウェデンボルグによると、霊界の文字は曲線が多く、人間界の文字と比べて、数少ない文字の中に非常にたくさんの意味を込めることができる。一つ一つの数字にもいろいろな意味が含まれるという。

さて、秋山がこうしたテレパシー交信にも慣れてきたころ、宇宙人とのコンタクトは次の段階に移行した。ＵＦＯの最初の目撃から二年近く経ったころだった、と秋山は言う。

ある日曜日の午前中、秋山が家でゴロゴロしていると、「新たに一つの謎が解明される！」という直感が走り、居ても立ってもいられないような強い衝動にかられた。その衝動は、秋山を外へと導き、駅へと向かわせた。秋山はそのまま切符を買って電車に乗り、直感にゆだねるままに静岡市呉服町の駅で降りて、駅前の商店街の方へと歩いていった。

街中で宇宙人に会う

駅前商店街に入ると、秋山の胸騒ぎはますます強くなった。心臓の鼓動もドンドン激しくなる。そのとき、前方の人ごみの中から、ビジネスマン風の男性が秋山に向かって歩いて来るのに気がついた。

その男性は、クリーニングしたばかりのようなパリッとした背広とワイシャツを着て、赤いネクタイをしていた。一見すると、普通の人なのだが、妙に気になる。その男性も秋山を見つめ、正面からまっすぐに歩いて来る。秋山が「ぶつかるからよけなくては」と思い、進路を変えると、向こうもその方向へ変えてくる。いよいよおかしい。また、体をそらすと、その男もそちらへそらす。そしてとうとう、秋山の前でスーッと立ち止まった。

近くでよく見ると、「普通のわれわれのような人ではないんです」と、秋山は述懐する。「独特な目なのです。それは非常に優しいようで、その奥に荘厳《そうごん》な厳しさといいますか、そういうものをキープしている独特の目なのです」

そのとき突然、頭の中で「秋山さんですね」という声が鳴り響いた。秋山はびっくりした。そして、もしやと思って、「宇宙の方ですか？」とテレパシーで呼びかけた。するとその男は、今度はちゃんと口に出して「そうです」と言う。

「とにかくお話しましょう」と男は言うと、秋山の背中に手を当てて、繁華街の地下にある喫茶店へと導いていった。

喫茶店での会話はテレパシーではなく、口頭で行なわれた。もちろん秋山は最初、その男がスパイか何かではないかとか、危険な人物ではないかと疑念を持った。そうした疑いを持つ秋山の心を読み取り、その男は言った。「私は、別に脅かすために来たのではない」。

そしてその男は、秋山が体験したすべてを、日付や時間まで知っていた。秋山が心の中に秘めていたことすら、その男は知っていた。

ここまで言い当てられたら、秋山も信じないわけにはいかなかった。聞きたいことがたくさんあった。「いままで僕が体験してきたのは本当なのでしょうか」「テレパシーとはどういうものなのでしょうか」など、秋山は矢継ぎ早に質問した。

こうした質問が終わり、秋山が納得すると、最後に男はこう付け加えた。

「あなたが望まなければ、我々は提供しない。あなたは望みますか。我々の持っている科学を少しでも知りたいと思いますか。そしてあなたは向上を考えることができますか」

秋山は「できます」と答えた。

男は言った。「じゃ、これからもたびたびお会いすることになるでしょう」

円盤に乗り込む

秋山が商店街で出会った宇宙人にも、「レミンダー」同様に名前がなかった。男は言っ

他の惑星を訪問したことがあるという秋山眞人

た。「私たちには名前がない。しかし、このままではあなたが混乱するので、仮に〝ベクター〟と呼んでください。いいですか、ベクターですよ。あなたが今度、この名前をイメージしたときには、私はもうあなたのそばにいます」

それ以来ベクターは、秋山が行く先々に現われるようになった。今風に言えば、ストーカーと同じである。しかし、見張られているというより、見守られているという感じだったようだ。とくに、秋山が精神的に落ち込んだりしていると出現することが多かった。

宇宙人のカリキュラムが進むにつれ、様々な未知の超能力的な体験が続いたため、秋山が無意識のうちにベクターに助けを求めていたのではないだろうか。ベクターはいつも「私たちは兄弟だ。友達だ」と言っては、しきりに不安を取り除こうとしていたと秋山は言う。

テレパシーによるコンタクトから始まって、宇宙人との面会に至り、秋山はいよいよ次の段階に進むことになった。彼らの宇宙船である円盤に同乗、操縦することになったのだ。

しかし、その前には訓練が待っていた。自動車教習所のシミュレーションのようなものだ。テレパシーで小型円盤内部の立体影像が毎晩のように送られてきて、秋山はそのイメージの中で操縦訓練をした。

操縦は精神力によって行なわれた、と秋山は言う。目の前のスクリーンを見ながら、小型円盤を母船に着艦させる。最初は母船の横腹に衝突して、そのたびに「意識が急激に落下していくような感覚で、自分の体に意識が戻ってきてしまう」。しかし、そんな失敗を繰り返しながら、イメージの中ではうまく操縦できるようになっていった。

イメージ訓練が終われば、次は「路上訓練」だ。秋山はそのころ一八歳になっていた。その日は、富士山の二合目まで来るようにテレパシーで告げられたという。夜八時ごろ、秋山が樹海近くで待っていると、突然、空中が光った。次の瞬間、テレポーテーションして来たのか、そこに直径一〇メートルぐらいの円盤型UFOが現われた。円盤からはビームではなく、タラップが降りてきて、秋山はそのタラップを使って円盤に乗り込んだ。

円盤の内部は、光源がないのに部屋全体が明るかった。入り口はハッチ式だったが、ハッチが閉まると、継ぎ目が見えなくなった。勧められるままにメタル感のある椅子に座ると、その途端に椅子は秋山の体にフィットするように形を変えた。円盤が発進すると、五分ぐらいは身体に風が通り過ぎるような感覚を覚えた。見るもの見るものが不思議で、驚異に満ちあふれていた。

●――UFOの操縦訓練

最初に秋山の目を引いたのは、円盤の底部にある動力部だった。「フリーエネルギーを宇宙空間から生産するような」ある種のモーターがあった、と秋山は言う。そのモーターはスズメバチの巣のような六角形のパイプの集合体で、そういう短いパイプを集めたような板が七層重ねになっており、その中の空間が明るく光ったり薄れたりを、まるで呼吸しているかのように繰り返していた。

モーターからは軽い振動音が聞こえており、モーターは三本ほどのケーブルで円盤と接続されていた。円盤内部の壁や床は「フリーエネルギー〔注：おそらく無限に抽出できるエネルギーのことであるとみられる〕」の力と連動しており、そのすべては乗り込んでいる宇宙人の意識とも連動していたという。すなわち、円盤自体が宇宙人の想念によって動く、一つの生き物のようになっていたわけだ。

コントロールセンターとみられるところにはスクリーンが何枚もあって、そのスクリーンの前で宇宙人が自分の意識から出る波動を調整していた。その波動はスクリーン上で、図形に変換される。図形がきれいに描ければ、円盤はスムーズに進むのだという。

その日は秋山が船酔いのようになって嘔吐《おうと》してしまったので、操縦訓練まで至らなかったが、次に乗船したときからはUFOの操縦にも挑戦したという。スクリーン上の図形が楕円とか球形に近づけば、操縦はスムーズにいくのだが、秋山がやると、メチャクチャな図形が現われる。するとUFOもあっちへ行ったりこっちへ行ったりフラフラする。意識を鎮《しず》めても、なかなかうまくいかない。

その後何度も円盤に乗船、訓練を重ね、上手とは言えないが何とか操縦方法を習得したという。秋山は合計で母船型には二〇回、小型ＵＦＯには二〇〇回以上乗船したことがあるというから驚きだ。

秋山はＵＦＯに乗って別の惑星にも行ったと主張する。太陽系では水星と金星に行ったという。どちらにも都市が築かれ、いろいろな惑星から来た宇宙人が太陽系の中継基地として利用しているのだそうだ。月の裏側にも地球に行く場合の中継基地があり、「どんな宇宙人もそこから地球にやって来ている」という。別の惑星に行くときは、小型の円盤から大気圏外で母船に乗り換える。所要時間は数時間だという。

秋山は、さらに遠くの太陽系外の惑星にも連れて行かれた。具体的にどこにある星であるかは明らかにしていないが、カシオペア座の方向にある惑星だという。実はこの惑星、秋山にとっては非常に因縁《いんねん》のある惑星であった。秋山が前世でこの惑星に住んでいたというのだ。その惑星とは、秋山に接触した宇宙人の母星でもあった。

●――見せられた魂の系図

秋山が前世で宇宙人の惑星の住人であったことを告げたのは、ベクターであった。それは秋山が、なぜ自分に接触してきたかをベクターに聞いたときだった。

「君とわれわれの間には約束があった」とベクターは答えた。それも、とても古い時代に交わしたもので、秋山と彼らの間には生死を超越した何万年もの長きにわたる約束があるのだという。ベクターはさらに、秋山の「魂の系図」を見せて言った。「君のルーツ、流《る》転《てん》を含めて、君を評価している。そういう君と会うことは、われわれにとって意味がある」

その系図によると、秋山ははるか昔にその惑星の住人であったことがあり、そのときにある約束をした。その約束を果たすために、秋山は地球に転生してきたのだという。ベクターは続けた。「その約束によって、われわれも君に会いに来ているのだ」

なんということか。一つの生から別の生へと、何生にもわたる時空を超えた約束があった。人間は惑星間で輪廻転生を繰り返しているのだろうか。確かに地球上で一つの国から別の国へと輪廻転生がなされているのであれば、宇宙において一つの惑星から別の惑星へと輪廻転生していたとしても不思議ではない。

当然、にわかには信じ難い。だがこうした考えは、昔からあった、あるいは昔の一部の人は知っていたのではないかと私には思われる。それを裏付けるのが、私たちのよく知っている『竹取物語』だ。

『竹取物語』は単なる昔の御伽噺とされているが、実はそんなに単純な話でもない。そこには仏教的教訓説話や地上的輪廻転生物語を超えた、壮大な宇宙のストーリーが隠されているように思う。

このかぐや姫の物語は、平安時代前期に書かれたとされるだけで作者もわかっていない。

『源氏物語』絵合《えあわせ》の巻に「物語の出で来はじめの祖《おや》」、つまり物語の世紀の幕開けとなった記念すべき作品であると紹介されている。

ストーリーは誰でも知っていると思うので省略するが、重要なポイントはかぐや姫が地球に降りて来た理由である。その部分を抜き出してみよう。かぐや姫が月の世界から迎えが来ると予告した八月一五日の満月の晩、月の都（月面基地）から空飛ぶ車（ＵＦＯ）でやってきた天人（宇宙人）が、かぐや姫を育てた翁に話しかける場面である。

「お前、分別のない者よ。ちょっとした功徳を、爺、お前が積んだので、お前の手助けにと思って、少しの間と言って（翁のもとへ、かくや姫を）下したのに、多年、たくさんの金を与えられて、昔の翁とは思えないほどになった。かくや姫は、罪を犯されたので、こうして、身分の低いお前のもとに、しばらくの間、身を寄せられたのである。罪の償いもはたされたので、こうして迎えに来たのに、翁は泣いたり嘆いたりする。（いくら泣いても）かくや姫を引き留めることはできないことだ。早く姫をお出し申し上げよ」

（講談社学術文庫『竹取物語』〔全訳注・上坂信男〕より。以下同）

つまりかぐや姫は、「月の世界」かどこかで罪を犯した、そして、地球に流されて罪の償いを果たしたという。では、月の世界とは何か、どんな罪を犯したというのか。地球は流刑地《るけいち》なのか。それよりもどうやって、かぐや姫は八月一五日に月の世界から迎えが来ることを知ったのか。ここには、いくつもの謎がある。

竹取物語に秘められた謎

犯した罪により、地球へ島流しならぬ「星流し」になったというかぐや姫――。まず不思議なのは、かぐや姫はどうやって、自分が月の世界から来たことを知ったのかということだ。『竹取物語』にはその方法・経緯についての言及はない。月の世界から手紙（文）でも届いたのであろうか。そのような〝物証〟が残っていれば、『竹取物語』の執筆者もそれに触れたであろう。だが、そのような文は多分なかった。

では、かぐや姫は自分の過去生を思い出したのだろうか。

その答えはイエスだ。かぐや姫は少なくとも自分の前世を、何らかの方法で思い出していた。それはかぐや姫が翁に次のように語ることからもわかる。

「前々から申し上げようと思っていましたが、（申し上げれば）『きっと動転なさることだろう』と思って、今まで申し上げないできてしまいました。『申し上げずにばかりは居られませんでしょう』と思って、申し上げるのです。私自身はこの人の世の者ではありませんで、月の都の者でございます。それを、前世からの因縁がありまして、そのために、この人間社会にやって来たのです。今は、帰るべき時間になりましたので、今月十五日に、あの、昔住んでいた月の都から、迎えに人々が来ようとしています。迎えをことわることはできませんで、お別れしなければなりませんので、そのときお爺さんたちがお嘆きなさろうことを思うと、それが悲しくて、今年の春ころからため息をついていたのです」

このことから、かぐや姫が自分の過去生を知っていた、しかも、「月の都」で送った過去生があったことがわかるわけだ。しかし、ただ過去生を思い出しただけでは、月の世界から決まった日時に迎えが来ることを知ることはまずできない。かぐや姫と月の世界の住人との間で、事前に何らかのコミュニケーションがあったと考えるべきであろう。

どういう通信手段であったのか。手紙などの物証を残すことなく、そうしたコミュニケーションがあったとすれば、現代であれば、電話やインターネットを思い浮かべることができる。だが、かぐや姫の時代にはそのような文明の利器はなかった。

そこで考えられるのは、秋山眞人と宇宙人が交わしたようなテレパシーを使った交信である。そうした交信が可能であるならば、テレパシーこそ、かぐや姫が過去生や自分の素性を知り、なおかつ、八月一五日に月の世界から迎えに来ることを知ることができた、最も説得力のある説明になるのだ。

秋山が「過去生における約束によって地球に転生してきた」と主張するように、かぐや姫もまた「前世からの因縁」により地球に転生してきたと考えられる。少なくとも、かぐや姫はそう主張しているように思える。

古典の原文では、「前世からの因縁」は「昔の契《ちぎり》有るによりてなん」と記されている。「昔の契」とは、宇宙的なカルマ、つまり秋山がベクターから告げられた「生死を超越した何万年もの長きにわたる約束」のようなものであったのだろうか。

かぐや姫の前世

かぐや姫が前世からの因縁により地球に来たと語ったのは確かだとしても、一体どのような因縁であったか、月の世界とはどのようなところであるのかについて、『竹取物語』は詳細を明らかにしていない。しかし、月の世界の住人が空飛ぶ車に乗って翁の家にやって来たときの描写や翁とのやり取りから、月の世界の住人の様子やかぐや姫の因縁をある程度、推測することはできる。

まず、月の世界の住人とはどういう人たちであろうか。「装束《しょうぞく》の清らなる事、物にも似ず」とあるように、見たこともないような美しい着物を着ていた。そして、うすぎぬの蓋《かさ》をさしていたという。この描写に関して言えば、神仙人のようであるが、面白いのは、かぐや姫が、天人が用意した羽衣を着ると、翁と話ができなくなってしまうということだ。聖徳大学の山口博教授は、この羽衣こそ空飛ぶ車、すなわち宇宙船に乗るための宇宙服であったのではないか、と想像を膨らませる。

それにも増して驚かされるのは、空飛ぶ車に代表される高度な「科学力」だ。空飛ぶ車は地上数メートルのところでホバリング（滞空）できたというのだから、ただのグライダーのような乗物でないことがわかる。しかも、灯りといえば油ぐらいしかない時代に、真昼以上に明るいライトで周囲を照らしたというのだから、当時の人々はあっけにとられただろう。

もちろんこうした現象は、天人を宇宙人、空飛ぶ車をＵＦＯと解釈すれば、すべて簡単に説明できてしまう。とにかく「月の世界」と地球の間には、科学力で圧倒的な差があったことは明らかだ。

実は秋山眞人の話と『竹取物語』の間にはかなり共通する点がある。『竹取物語』では地球は流刑地のように描かれているが、秋山によると地球は一時期、一種の刑務所で、「流刑地として進化」したことがあったという。「宇宙人のなかでも、哺乳類系で宇宙の秩序を破った連中が地球に送り込まれ、ある程度力を奪われて、地球人として転生した」と秋山は言う。

また、ベクターが秋山眞人の「魂の系図」を知っていたように、『竹取物語』の天人も翁の素性をすべて知っている様子であることも興味深い。天人（宇宙人）は、地球上の個人情報をすべて持っているかのようだ。

月の世界を、文字通り月にある世界であると考える必要もない。たとえば秋山眞人は、アダムスキーが言う金星人も金星の基地に住んでいる宇宙人という意味であると述べている。それぞれの宇宙人は母星の正確な位置を教えたがらない。それは、それを教えてしまうと、地球人の想念がその惑星に向かって悪影響を与えるからだと、秋山は説明する。それが本当だとしたら、月の世界の住人とは、月の基地にいる宇宙人ということになる。

さて、かぐや姫の「因縁」についてはまったく推測するしかないが、かぐや姫は月の世界で罪を犯したという。この犯した罪が、かぐや姫が翁に説明した「前世の因縁（昔の契り）」と同じかどうかはわからないが、そういうカルマを意味するのであれば、同じとみていいだろう。

『竹取物語』は惑星間の輪廻転生の物語だった!?

おそらくかぐや姫は、月の世界（別の惑星）での前世において、地球とかかわるような何らかの使命を帯びた。あるいは地球での遠い前世において「罪」を犯した。その罪を償うため、つまり、カルマを解消するために、再び地球にやって来たのではなかろうか。『竹取物語』はフィクションであったかもしれない。だが、そこには確実に、惑星間の輪廻転生という壮大な宇宙哲学が隠されているのである。

●――惑星間の転生の記憶

実際にこうした惑星間の転生を記憶している人、あるいは自分がそうであることに気づいている人は、秋山眞人のほかにもいるのだろうか。おそらく、大勢いると思われるが、その実態はよくわからない。

画家の横尾忠則もその一人ではあるのだろう。UFOコンタクティーであると公言してはばからない横尾忠則は、次のような体験をしたと書いている。横尾が仕事で屋久島のホテルに滞在中、ホテルの裏に広がる松林越しに海を見ているときだ。日は暮れて、空には星が瞬いていた。

……（略）そのとき突然ワシ〔注：横尾忠則のこと〕の魂がワシに語ってきた。

頭上には和志（ワシ）の故郷のシリウスが瞬いているのが見えるか。シリウスで発生した和志の魂は宇宙を彷徨《ほうこう》すること五百万年にもなる。この銀河系の彼方の第三惑星の地球に降りてどれくらい時が過ぎたのだろう。和志の魂は今横尾忠則の肉体を借りている。棲《す》み心地はもう一つだ。なかなか和志の思うようになってくれない。一体和志をいつまでこの地上に留めさせたいというのだ。和志は一日も早く和志の故郷のシリウスに帰還して未来永劫、神の懐で輝き続けたいと思っとるのじゃ。和志のこの叫びが聞こえぬか、横尾忠則。一日も早くカルマの輪廻から脱却して和志の元へ来たれ。

（横尾忠則『私と直感と宇宙人』文春文庫より）

横尾は直観力の優れた画家である。この「ワシの魂の叫び」がどれだけ客観的な体験であったかは知る由もない。感覚が鋭すぎるのだとの指摘もあろう。それでも、ここにあるのは紛れもない、宇宙をさまよう魂の輪廻転生の思想であり、カルマの物語である。横尾の魂が語りかけてきたように、あるいは秋山が語るように、魂は星から星へと転生を繰り返すのか。その確証を持つ人は少ない。そのため、すべては直感にゆだねるしかない。

エマニュエル・スウェデンボルグもまた、宇宙を旅し、いくつもの星々をさまよい歩いたと主張する人物である。その模様は彼が一七五八年に書いた『宇宙間の諸地球』に詳しい。それによるとスウェデンボルグは、水星、木星、火星、土星、金星、月に住むそれぞれの霊たちと「想念の交換」をしたのみならず、おそらくは太陽系外の五つの惑星の住人の霊と交流したという。

それぞれの惑星の霊は、必要ならば果てしない宇宙を旅して、別の惑星の霊と自由に情報交換することも可能らしい。ただしスウェデンボルグは、輪廻転生は認めつつも半ばそれを例外的に扱っているので、惑星間の輪廻転生については触れていない。それでも精霊界における惑星間の交流が頻繁に行なわれているのであれば、彼もまた惑星間の輪廻転生を認めないわけにはいかないだろう。

別の惑星に着いた！

秋山眞人の驚異の体験に話を戻そう。秋山は、宇宙人の母星であり、秋山にとっても「ふるさと」であるともいえる太陽系外の惑星に向かった。大気圏外で母船に乗り換える方法で、だ。

母船の中では、たくさんの宇宙人が歩き回っていたという。お互いの挨拶はきわめてシンプルで、瞬間的に目をパッと見ただけで相手の意識や気持ちの状態がわかるのだそうだ。だから日本人のようにぺこぺこ何度も頭を下げて挨拶するような必要はない、日本人は相手側の気持ちがわからないから不安になるので何度も挨拶をしてしまうのだ、と秋山は言う。宇宙人は言葉も使うが、小鳥のさえずりを聞いているような独特な響きがあったという。

母船に乗って数時間でその惑星に着いたらしいが、不思議なことに秋山は着陸の様子をあまり語らない。語ってはいけないことになっているらしい。ただ、丸二日間滞在したというその惑星の様子については、かなり詳細に述べている。

「地球と違って二つの太陽があった。一つはやや小さめで、二つとも色はわれわれの太陽と同じような色をしていた」と、秋山はその惑星について語る。太陽が昇ってから沈むまでの時間や、一日の長さは、「私の感覚では地球とそれほど変わりがなかった」そうだ。

秋山によると、その惑星の環境は地球の自然環境とよく似ていたが、植物や昆虫が地球よりもかなり大きかったという。あるとき秋山は、大きな花に向かって三〇センチぐらいある蜂がブーンと飛んできたのを見た。その蜂は地球上にいるスズメバチと似ており、黄色と黒のまだら模様になっていた。秋山はギョッとした。刺されるのではないかとの恐怖心が沸き起こった。ところがよく見ると、針がない。お尻のところがツルンとしていて、突起がまったくなかったのだ。バラの花のような植物もあったが、そこにも棘《とげ》はなかった。

秋山はそのとき、こう思ったという。おそらくこの惑星のすべての生物は、地球の生物と同じような進化過程を経て発達してきたのだろうが、相手を攻撃するような「闘争的な根拠となる形」を捨てたのではないか、と。

言い換えれば、地球の生物よりもかなり以前に、闘争という想念を捨て去った。それを秋山は直感的に把握することができたという。

宇宙人はそうした秋山の思考を読み取って、次のように秋山に語った。

宇宙人が初めて日本に着陸したのは北海道だった。宇宙人たちは最初、北海道の恵まれた自然に触れ、非常にうっとりした。ところが、ものの数分も経たないうちに、そこの生命のすべての波動、つまり個々の細胞の中にある波動が非常に闘争的な想念の中に埋没していることに気づき、痛ましく思ったという。地球は救いようのないほど野蛮な惑星だったのだ。

しかし、秋山が感動したのは宇宙人の次の言葉であった。

「よし、われわれは見せ続けよう。この宇宙にはわれわれのような生き方をしている者がいるんだということを。われわれの（闘争的でない）想念をこの地球にもたらし続けよう」

秋山は言う。「宇宙人のすごいところは、『地球は駄目だ』と言って、地球を見捨てて帰ったりしなかったことです。それに宇宙人は絶対にこうしろと命じることはありません。ただ、人間が発達するとこうなるのだということを見せて、地球のことは地球人自身に決めさせるわけです」

別惑星での驚異の体験

その惑星の建物も不思議な形をしていたと、秋山は言う。旧約聖書に出てくるバベルの塔に似た建物がたくさんあった。「渦巻き状のデコレーションケーキみたいな建物」だ。ピラミッド状の建物もあり、それらの形状はすべて、波動的な意味があるという。宇宙人は秋山に、「そういう形自体が、そこで暮らす人たちの意識を守ったり波動を高めたりする作用があるのだ」と説明したそうだ。

秋山によると、そうした建物はそのまま母船型UFOになるのだという。住宅兼宇宙船というわけだ。それが高層マンションのように立ち並んでいる。「その光景は圧巻であった」と秋山は語る。

街中の道路は舗装されておらず土の地面だが、水晶のようなガラス質のものが敷き詰められており、キラキラと光っていた。宇宙人はガウンのようなものをまとい、顔立ちはハーフのような美男美女が多かったという。

その宇宙人たちは各自、自分の情報が記録されている小さな石のカードを持っていた、と秋山は言う。地球のIDカードのようなもので、このカードを使えば、食品などの必要物資が支給される。カードの表面には象形文字のようなものが書かれていた。

秋山の解釈では、そのカードでどれだけ支給してもらえるかは、その人がどれだけ創造的な働きをしたかによって違ってくる。カードには、その人がいかに創造的に想念を使ったかが記録され、それに応じた物品が支給されるのだという。

秋山はこうも説明する。

「この惑星の人には、いわゆる『競争』や『闘争』という考え方がない。人と人を比較するという概念もほとんどない。勝ち負けがあるスポーツもないのです。ではどうやって文明を発達させるかというと、独創性・創造性を発揮してどれだけほめられるかという価値観が原動力になるのだと思います」

秋山はその惑星のスポーツも目撃した。もちろん、そこには競争はない。「ポスポス」と呼ばれるサーフィンのような遊びだという。

まず、気功でやるように両手のひらを向かい合わせ、手のひらの間にある種のエネルギーを作り出す。「思念によって空間からエネルギーを抽出する」のだという。

宇宙人はその抽出したエネルギーを、両手を広げながらまるでゴムを伸ばすように帯状にして、そのまま縄跳びをするように腕を二、三回、回転させて体の周りにめぐらせる。すると周囲にエネルギーの球ができあがり、その宇宙人はすっぽりとそのエネルギー・ボールに包まれる。まるで大きなシャボン玉の中に宇宙人が入ってしまったようになる。

準備が整うと、宇宙人たちは思念力によって「シャボン玉」を浮き上がらせ、惑星の大気圏外ぎりぎりのところまで飛び上がったり、サーッと降下したりを繰り返す。上下左右、緩急、自由自在に飛び回る。まるで宇宙サーフィンだ。エネルギーの玉は、中に入っている人のオーラに反応して色とりどりに輝く。「たくさんの光が乱舞する姿はとてもきれいだった」と秋山は言う。

●――異文化コミュニケーション

秋山はその惑星の教育現場も視察した。面白いことに教育現場には時計がない。ところが宇宙人は、地球人よりも時間の捉え方が数段正確だという。そこには、時計など物に頼ろうとする地球人と直感など内なる能力を育てようとする宇宙人の根本的な違いが存在するようだ。

子供たちがいる学校は「テペソアロウ」と呼ばれ、「建物はネギ坊主のような形をしており、教室はらせん状になっていた」。そこでは歌声が絶えることがなく、歌の勉強しかしないのではないかと思うぐらいだった。そこで秋山は、どうして歌ばかり歌っているのかと尋ねた。すると「歌が記憶力をいちばん刺激するから、楽しみながら歌で全部覚えさせるのだ」という答えが返ってきた。ある一定の音楽が奏でられる、または歌えるようになると、ほかのすべての物事を理解しやすくなるのだそうだ。

歌以外の教育法も興味深い。それは「観察」だ。といっても、植物の成長など自然をただ観察するのではない。石や物の波動を感じ取ったりする「観察」である。

五感で感じたことを、別の感覚で表現する訓練もある。においを絵にしてみたり、色を音で聞いたり、においを味わったりする。初期教育では、万物の波動を感知する能力を高める訓練を徹底的にするのだという。

波動を感知する能力の基礎が出来上がると、今度は「いくつもの星系の住人とのコミュニケーション形態を、同時に学ぶようになる」と秋山は説明する。その学び方は「全体像をまず把握する。そのとき、五感をフルに使って、情報そのものの概念をダイレクトに受け取る。そして、細部はあとから磨いていく」のだという。

秋山によると、そのやり方はUFOの造り方と似ているのだという。UFO製造もまず全体の形を造る。水銀のような金属にホースを突っ込み、そこにキラキラ光る粒子を注入する。すると水銀は風船に空気を入れたときのように膨張、これが固まるとUFOの外形が出来上がる。UFO内部は空だが、外側からテレポーテーション操作によって、計器やシステムが組み込まれるという。

秋山は演劇や美術も鑑賞したが、かなりカルチャーショックを受けたようだ。美術館には「赤と青だけで描かれた波動画」というものがあったが、「さっぱり意味がわからなかった」という。

演劇では、注連縄《しめなわ》のようなものを中央に垂らして、その周りを天の羽衣のようなひらひらのガウンを身にまとった宇宙人たちが踊っていた。ただ、くるくる回って踊っているだけでセリフもないのだが、集まった数万の観客はしきりに感動の声を上げる。秋山は戸惑うばかり。なぜ、こんなにも感動しているのか。

秋山が推測するに、身振りで表わす外側の表現と感情で伝える内面の表現があり、テレパシー能力の発達した宇宙人の観客は、そうした外側のシンボル的表現と内面で展開している無言のドラマをすべて感じ取っていたのではないかという。ただ秋山にも、演劇がかもし出す清涼感だけは十分に味わうことができた。「一種のヒーリング的な効果を兼ねた演劇だったように思う」と秋山は言う。

彼らの食べ物も不思議であった。宇宙人は、桃のような香りがする、淡い味の液体と、チーズのような固形食品を食べていた。秋山も一度食べてみたが、あまり口に合うものではなかった。ただ、その液体の効力はものすごく、「ウイスキーのキャップぐらいのほんのわずかの量しか飲んでいないにもかかわらず、その後三日間、まったく眠くならなかった。気分は高揚し、頭は冴え渡って、記憶力も抜群に強くなった」

宇宙人は味覚を楽しむというよりも、意識の覚醒状態や肉体の保持を目的に食事をしているようだったという。

〝逆浦島効果〟

やがて秋山が地球に帰る時がやって来た。といっても、宇宙人が「時間が来たので帰ろう」と言って、連れ帰ったのではない。秋山自身が、その惑星にいるのが嫌になったのだ。その惑星はそれほどのんびりしていて、シンプルすぎたのだと、秋山はそのときの気持ちを説明する。

それは惑星に来て二日目の後半ごろのことだった。その惑星での体験は素晴らしいものだったが、秋山は地球が無性に恋しくなってきた。つまり、一種のホームシックだ。街中を車がブーッと走る騒音が、なんだかすごく懐かしい。帰りたくて、帰りたくてしょうがない。そのことを宇宙人に告げた。

そのとき意外な答えが返ってきた。宇宙人はニコッと笑って「そうでしょう」と言う。「あなたがこれから生きてゆかなくてはならないのは、あの青い星、地球だよ。あの大地の上で、あなたは語り、生き、そして輝いてゆかなければならないよ」

秋山はハッとした。自分が最初に宇宙人に呼びかけたのは、いじめに遭ったりして地球が嫌になったからだった。そして宇宙人と出会い、彼らにいろいろなことを教えてもらい、地球の嫌なことは忘れて、宇宙人に依存していった。言い方を変えれば、宇宙に逃避していたのだ。宇宙人は、そうした秋山の依存症を見抜いていた。「そういう私の依存症みたいなものを、その別の惑星の上で彼らはすべて取り去ってくれました」と秋山は言う。おそらく、秋山がその惑星を訪れなければならなかった大きな理由もそこにあったのだろう。

地球に戻ったとき、秋山は再び奇妙な経験をした。宇宙人の惑星には丸二日か三日間ほど滞在したのだが、地球時間では二、三時間ほどしか経過していなかったのだ。これは「逆浦島現象」とも呼べるものだ。先に少し触れたように浦島太郎は、プレアデス（昴）やアルデバラン（雨降り星）の人々に別れを告げて日本に戻ると、自分を知っている人は誰もいなくなっていた。向こうでは数日間と思えた時間が、地球では何十年にもなっていた。秋山にはこれとは逆の現象が起きたことになる。

秋山は大いに戸惑った。あの惑星で過ごした時間は何だったのか。もしかしたら、実際に行ったのではなく、シミュレーション的に体験させられただけなのか。秋山は宇宙人に尋ねた。すると宇宙人は、あれは夢でもシミュレーションでもない、実体験だと太鼓判を押したうえで、時間というのは相対的なものだ、と説明した。

「ようするに私たちは、空間を把握するのに縦、横、高さという考え方の軸があって、それにもう一つ、意識という軸があります。この軸が変調されると時間の捉え方がまったく変わってくるというんです」と秋山は言う。「時間自体にも一つのエネルギーがあって、そのエネルギーの調節バルブみたいなものも意識の中にあるらしいんです」

●——変化する時間の速さ

浦島太郎や秋山眞人が体験したとするような時間の差はどうして生じるのか。相対的な時間とは何なのか。

地球の科学でも、アルベルト・アインシュタインの相対性理論によって、時間が空間と切り離されて存在する絶対的な尺度ではないということがわかってきた。時間と空間を合わせた四次元空間（時空）の中では、時間は一つの方向に沿った座標軸にすぎない。

それまでのニュートン力学では、すべての固有時は標準となる時計の位置や速度にかかわらず一定不変であると考えられていた。ところが、時間は一つではないということが観測結果からもわかってきた。四次元座標軸の中では、その場所や速度に応じて時刻系はいくらでも存在するのだ。

たとえば、高精度の原子時計を飛行機に積んで地上の原子時計と比較すると、飛行機で移動している時計のほうが地上で静止している時計よりも遅くなる。時間はまた、運動によってだけではなく、重力によっても変わる。高い山の頂上（弱い重力場）にある時計は、山のふもと（強い重力場）にある時計よりも早くなる。

精密な時計ですら速度や重力の影響をうけるのだから、人間が感知する時間も当然変化しうる。簡単にいえば、一〇〇メートルを全力で走っている人の時間は、それを周りで見ている人の時間よりも遅くなる。観客にとっては一〇秒でも、走っている人には一〇秒未満に感じることになる。もちろん、これはあくまで理論上の話であり、その人が時間を長いと感じるか、短いと感じるかは主観の問題でもある。

同様に理論上は、宇宙空間において移動している物体の中にいる人が感知する時間は遅いはずだ。重力場が弱い惑星上では、そこに住んでいる人が感じる時間は、それよりも強い重力場の惑星に住んでいる人が感じる時間よりも早くなる。

二日間滞在したと感じたのに、地球上の時間では二時間しか経っていなかったとする秋山の主張も、相対性理論を使えば説明できるように思える。ただし秋山自身は、それだけでは説明しきれないと考えているようだ。

秋山は言う。

「地球では同じ波動をずっと保っていますから、意識レベルでも、ここだけは変わらないという部分を持っているわけです。そして同質結集の法則によって、その枠の中では時間の捉え方は大体にこれぐらいだという地球時間が生じてきます」

「ところが他の惑星へ行って、多少ともその枠が広がれば、時間のコントロール範囲といいますか、時間のエネルギーの圧力が希薄になるんです。そうすると時間に対する観念がもっと自由になります」

秋山はこのように考えを広げて、時間はエネルギーと関係があるのではないかと推測する。秋山の説によると、楽しいときに時間を短く感じ、マイナスの感情を起こしたときに時間を長く感じるのと同じメカニズムが人間の意志力と時間の間に生じる。

そう思うようになったのは、秋山が母船内で体験したスクリーン上のシミュレーションからだった。スクリーンには、植物が種子から生長して枯れるまでの光景が映し出される。しかし、その成長の速さは秋山の感情パターンによって変化する。人間の意識が植物の時間を変化させるわけだ。「感情の出し方、または思念波の出し方によって時間自体が変化するわけです」と秋山はみている。

●――宇宙の果てを影像で見る

最後に、秋山眞人が考える宇宙の構造について触れておこう。

秋山も宇宙がどうなっているのか知りたくて、当然のことながら宇宙人に質問した。すると、おおよそ次のような答えが返ってきた。

地球人のレベルから見ると、地球人に感じることができる限界がある。その感度の限界の外側には、地球人の知覚できないもっと広い宇宙が広がっている。宇宙人にとっても、それぞれ感じるレベルの限界があり、そこから先は未知である。

すると、宇宙は無限なのだろうか。秋山がさらに質問すると、宇宙人は言った。「あなたの感じる宇宙空間の中で勉強するようあなたがたは生きているんです」。つまり、知覚できる以上の範囲を知ること自体が生命を進化させるうえで意味がない、という遠回しな言い方をしたのだという。

そうした宇宙人の答えを断片的に繋げながら、秋山は自分自身で宇宙の構造を考えてみた。「宇宙はかなり外側に広がっていて、吸収する部分と拡散する部分が個々にあって、呼吸するような構造になっている。ですから外側に広がってゆく部分が収縮したり大きくなったりを繰り返して、感じる範囲内の宇宙空間の呼吸の数が決まっていて、それぞれのレベルが違うようです」と秋山は言う。

秋山は感覚的にはわかっているようだが、言葉で説明するには限界があるようだ。秋山の説明を私なりに解釈すると、おそらく個々人の意識のレベルによって宇宙の枠（広さ）も違ってくる。それぞれの（おそらく次元の異なる）宇宙は、呼吸をするように収縮と膨張を繰り返すが、その呼吸の数というか振動数もレベル（次元）によって異なると言っているようだ。

たとえば、地球人のレベルで認識する宇宙が一〇〇であるとすると、その一〇〇の中で知覚できる振動数の宇宙の現実がある。次に宇宙人のレベルで認識する宇宙がさらに広大な二〇〇であるとすると、その二〇〇の中で知覚できる振動数の宇宙の現実が存在する。しかも、一〇〇の宇宙と二〇〇の宇宙はある意味で次元の異なる宇宙で、一〇〇の宇宙にいる地球人が二〇〇の宇宙の現実を知覚するためには次元を飛び越すか、自分の振動数を変えるかしなければならない。大宇宙は、そのような次元の異なる宇宙がたくさん同時に存在する多重構造になっている。

それに関連して秋山は「遠く離れた銀河系にいる人間が他の銀河系へ行く場合は、それなりに肉体的な変調が必要になるようです」と言って、次のようなエピソードを紹介している。

あるとき秋山は、母船内のスクリーンに宇宙の壁のようなものを見せられた。光る綿を集めたような弾力性のある壁で、そこにいくつかの小さな光る球がバーンバーンとぶつかっては、撥ね返る光景だった。そのうち、光の球のいくつかがそれをぶち抜いて外側へ出て行った。これは何の光景だろうと秋山が不思議がっていると、宇宙人はこう言った。これが宇宙の果てなのだ、と。

宇宙人と神の存在

秋山眞人が見たという「宇宙の果ての影像」が、実写による光景だったのか、シミュレーションか何かの象徴的な光景だったのかはわからない。それは、おそらくその宇宙人が知覚しうる宇宙の限界、あるいは際《きわ》であったのだろう。それにしても、宇宙の果ての壁にぶつかり、やがてはぶち抜いていく光の球は何なのか。

「ある循環を繰り返した魂が成長過程を超えて違うレベルに参入する瞬間だと宇宙人は言うんです。面白い光景でした」と秋山は言う。輪廻転生を繰り返した魂が進化して、ついには次の次元へと飛躍する瞬間を捉えた影像だったのだろうか。

秋山は聞いた。

「宇宙の果ての向こうには何があるのですか」

宇宙人の答えはあっけないものだった。

「その向こう側の世界は、いまの状態の君ではどうやってもイメージすることはできない」

秋山は残念に思った。やはり人知を超えた神の領域や神霊界というのがあるのだろうか。秋山はもともと、霊界とか神の存在に懐疑的な考えを持っていた。神を信仰するというのは非科学的なことに思えたからだ。ところが、あれほど高度な精神文明と科学力を持った宇宙人でも、神は存在するという。

宇宙人は言った。

「純粋に科学的にアプローチしていくことによって、われわれは、宇宙に秩序・法則があり、その根幹には明確な意志があることを突き止めたのだ。それは意志だけが単体で存在している。つまり、意識だけの存在である。そこには、初めも終わりもなく、たくさんは一つであり、一つはたくさんである。そして、過去・現在・未来は同時に変えられる」

神について宇宙人がいかなる「科学的アプローチ」をしたかは、うかがい知ることもできない。ただ、最後の「過去・現在・未来は同時に変えられる」という考えは、私がデジャビュ体験などを通じて導いた仮説と一致する。

おそらく宇宙は、一つの大きな意志で満ちているのだろう。言い換えれば宇宙の本質は、空間も時間もすべてを包み込んだ一つの意識であり、そこには始まりも終わりもなく、過去も現在も未来も同時進行的に存在する。だからこそ、自分の意識のレベルを上げないと、神であるより大きな意識（宇宙）を知覚できない。その大宇宙の意識の中で、私たちの魂は輪廻転生を繰り返しながら、神の高みへと歩み続ける。

最後に宇宙人はこう言った。「秋山、本質的なものというのは、描ききったらとんでもない世界なのだ。だから、君もハードルは高く持て。それ以外に、本質にアプローチする方法はないのだ」

9 横尾忠則とＵＦＯ革命

女性の宇宙人との交信

秋山眞人のように星空を見上げてＵＦＯに呼びかけているうちにコンタクトが始まったという人はほかにもいる。画家の横尾忠則《よこおただのり》だ。ただし横尾の宇宙人との出会いは、秋山のように一〇代のときではなく、三〇代になってからという〝遅咲き〟であった。

横尾が仕事で都内のホテルに滞在していたときのことだ。昼間、カーテンを開けてベッドに肘をついてテレビを見ていると、目の前がボヤボヤッとしてきたという。次の瞬間、体が一五センチぐらい浮いたかと思ったと同時に、「部屋の中の風景がふわっと消えて」、自分がハイテクな建物の中にいることに気づいた。すると、向こうから白い服を着た、背の高い三人の宇宙飛行士のような人物がやって来た。横尾は直感ですぐに、その人物が宇宙人だとわかったのだという。

宇宙人は横尾にテレパシーで話しかけた。「横尾さんですね。われわれは長い間、あなたをずっと見守ってきました。やっとお会いできましたね。送受信をもっとスムーズにするために、首のところに器具を埋めたいけれど、いいですか」——。横尾はそのまま気を失った。

この不思議な出来事があってから、横尾はUFOを頻繁に見るようになったり、いろいろな神秘体験をしたりするようになったと、小説家吉本ばななとの対談（『見えるものと観えないもの』）で述べている。絵を描こうとか、行動を起こそうと決心した途端に何ともいえないファワッとした気持ちになり、霊感やインスピレーションが浮かぶ。横尾はこれが「無意識のチャネリング〔注：チャネリングとは宇宙的な存在と意識がつながることである〕」ではないかと語る。

横尾は秋山眞人と同様、テレパシーで呼びかけるとUFOが現われるようになったという。夜空を見上げて、空域を指定して「波動送信」を開始すると、早いときは五分ぐらいで、遅いときは三〇分ぐらいでUFOはその空域に現われる。

ただし横尾は、秋山のようにテレパシーの受信に長《た》けているわけではないようで、宇宙人との対話は媒介者を通して行なわれることが多い。あるとき、次のような会話を交わしたと横尾は言う。

「あなた達はいつからぼくにコンタクトして来ているのですか」

「それはあなたがそう思った時からです。だけどあなたが考えているよりもっと以前です」

「ではなぜぼくにコンタクトをするのですか」

「私達はあなたを愛してしまったからです。あなたの神のようになりたいという気持が、ずっと私たちの所に届いていました」

「あなたたちは何のために地球に来ているのですか、その存在は」

「神の仕事を手伝うためです。だから天使と同じような働きをします。私たちの生命体は女性です。あなたにはその方がいいでしょう。私達は肉体を持たない意識体ですが、あなたの所に飛んでいく時はシップに乗ります。私達が行けない時は私達と縁のある他のシップが私達の代わりに参ります。このことに拘《こだ》わらないで受け入れて下さい。このこともあなたの成長になります。私達が誰であるかは今は内緒。それはあなたを危険から守るためでもあります。いつもあなたのことを想い、愛しています」

（横尾忠則『私と直感と宇宙人』より）

夢の中で宇宙旅行

横尾は、その肉体を持たないという「女性の生命体」のビジョンを見せられたことがあるという。肉体を持たないというのだから、シンボル的な影像だったのだろう。「宇宙服を着用して背が高くキリッとした戦士の姿」だったそうだ。

それは横尾がブラジルのイグアスの滝でUFOと遭遇した夜のことだった。ホテルの部屋で寝ているとき、隣のベッドに、膝から下がベッドに突き刺さった状態で立っている女性が現われた。「暗闇の中だったが、ホログラムのように半透明で青白く輝いていた」と横尾は言う。白い帽子のようなものをかぶっていたため、最初は看護師かと思ったが、すぐにその女性が体にピタッとした宇宙服を着ていることに気づき、宇宙人であることがわかったという。そのビジョンはその瞬間、幻影だったかのように消えた。

横尾もまた、宇宙人には名前がないと言う。これは秋山の主張と同じだ。彼らはテレパシー能力が発達しているので、いちいち名前で確認する必要がないのだろう。最近は「振り込め詐欺」などでだまされる人もいるようだが、日本人も家族間で名前を名乗らなくても誰だかわかるのに似ている。ただし宇宙人は、コンタクティーのために便宜上名前をつける。横尾は「ケン」という宇宙人ともコンタクトしていたという。

ケンは大きな母船にいて、彼の下には「クルト」をはじめとする「幼体」の宇宙人が三人、いつも働いているそうだ。横尾によると、ケンは地上の下世話なことにも詳しく、結構お茶目なところがある。日本のテレビもよく見ているらしく、「俺は宇宙の丹波哲郎だ」などとふざける。横尾が「もう、丹波哲郎、うるさい」と言うと、ケンは「今日は丹波哲郎じゃないぞ」とおどける。「何?」と横尾が聞くと、「宇宙の電通だ」とか言いだす。このようにケンと横尾でふざけてばかりいると、天使が出てきて、「これ、これ」と諭すのだという。

そのような横尾も、実際に円盤に乗ったことはないようだ。ただし、夢の中ではUFOに乗って地球外惑星に行ったり、地球の内部に入ったりしたと主張する。「夢とは思えないほど実に生々しい体験」であったと横尾は言う。

地球外の惑星はともかく、地球の内部とはどんなところなのだろうか。横尾は、地球の内部にはアガルティという地底王国があり、ヨーガの説く最高中心としてのシャンバラとは、その首都の名前であると言う。「シャンバラには誰でも行くことはできません。本当に選ばれた者だけがアストラル体で行くことが許されるのです」

●――シャンバラへの憧憬

シャンバラは、チベット密教で伝えられる不可視の王国の中心地であるとされている。

それでも「見た」という人はいるらしく、一説によると、雪山に囲まれた、八葉の蓮の花が開いたような地形にあり、その蓮華《れんげ》の中心にシャンバラ王の住むカラーパ宮殿があるのだそうだ。各花びらに相当する盆地には一〇〇〇万の街をもつ国が一二あり、小王が治めているというから、九六の小王国と約九億六〇〇〇万の街があることになる。

また一説によると、アガルタは四つの運河に区切られ、七つの都市が栄えている。その中心にはひときわ壮麗な首都シャンバラが美しい湖に囲まれてそびえ立っている。そこに住む人々は、ヴィマーナと呼ばれる空挺に乗って都市の間を移動するだけでなく、宇宙の彼方にある遠い星へも行くことができるという。アガルタには世界の大洪水を生き延びた賢者たちが今なお住んでおり、地球外の高度な存在、宇宙人や天使たちと常に接触を持ち、協力して地球人の精神的進歩と魂の浄化を図っているともいう。

もちろん、こういった話は伝説の域を出ない。伝説は少なくとも一一世紀ごろまで遡れるが、そのころの中央アジアはイスラム勢力侵入の危機にさらされており、仏教側の危機意識から生み出された理想郷、概念上の王国ではないかとの見方が一般的だ。

しかし、横尾の直感はそうした空想説を否定する。「シャンバラの存在を知った時、わたしは電撃的なショックを受けると同時にわたしの波動がシャンバラに向かって矢のように一直線に飛んでいくのがわかりました。地球の内部にある空洞世界の中心シャンバラです」と、横尾は『私と直感と宇宙人』の中で語っている。

横尾によると、シャンバラにはピラミッドがあって、太陽と相対して「磁流」を放出している。そこには宇宙の真理を体得した「アデプト（超人）」が暮らしていて、覚醒した人が地上に現われれば、その人に波動を送り、魂の意識を進化させる手助けをするのだという。

「わたしはこんな非科学的な物語を単なる夢物語として受け入れたわけではありません。わたしの胸は本当に熱くなりときめきました。この胸のときめきこそ私とシャンバラを結ぶ信頼の糸だと信じました」と、横尾は述べている。

横尾はこう続ける。

地下王国アガルティは網の目のように洞窟や通路があって、世界各地の地上と通じている。その地下への八つの入り口は秘密になっているが、北極にあるという巨大な穴から地球内部に入れるのではないか。

シャンバラの王サナート・クメラは六五〇〇万年前、レムリア大陸の住人を進化させるために金星から火に包まれた天車（おそらく空飛ぶ円盤）で地球に降臨した。その場所は

横尾忠則のＵＦＯに関する著作は数多い

中央アジアの高原とも京都の鞍馬山ともいわれている。

鞍馬山と金星人

シャンバラの王が鞍馬山に降臨したことを横尾忠則が知ったのは、やはり不思議な夢がきっかけだったという。それは一九七八年(昭和五三年)七月九日のことで、次のような夢だったと、『導かれて、旅』の中で書いている。

実家の母屋の勝手口に二人の僧侶が突如現われた。横尾が驚いていると、強烈な電気が家の中を支配し始めた。超越的な雰囲気を醸《かも》し出す電気で、横尾は畏怖《いふ》の念に襲われた。二人の僧侶は無言のままその場に立っていたが、「魔王尊《まおうそん》なる神をお連れした」とテレパシーのような言葉を送ってきた。横尾は一瞬、その場にひれ伏しそうになった。だが、いくら見回しても魔王尊なる神の姿はどこにもない。ただ辺りの空気が精妙に振動しているだけだった。

横尾はこの夢を見た後、鞍馬山の資料を読んでいるときに、鞍馬寺で祀られている魔王尊とサナート・クメラが同一神であることを知った。鞍馬寺では魔王尊をサナート・クマラと呼んでいるが、明らかに同じ神だ。鞍馬寺では五月の満月の夜に魔王尊を拝するウエサク祭りをするが、チベットやタイ、ビルマ、スリランカでもウエサク祭りがあるのだという。

伝説の中で、魔王尊ことサナート・クメラが金星から降臨したとしている点も注目される。秋山眞人をはじめ多くのコンタクティーたちが、いわゆる金星人が存在すると主張しているからだ。

横尾はシャンバラと宇宙人の関係について、どう思っているのだろうか。

「宇宙人達は地球の内部に空洞があり、シャンバラの存在も知っています。だけど宇宙人でさえシャンバラには一目置いているようです。シャンバラの指示がない限り、宇宙人達も地球に対して勝手な行動が許されないようです。それほどシャンバラは地球にとっても、宇宙にとっても大きい存在なのです」と、横尾は言う（『私と直感と宇宙人』）。

金星人についても、当然のように肯定的だ。横尾は、金星人に会ったというジョージ・アダムスキーの話は本当であると、直感的に確信しているという。さらに横尾は、サナート・クメラが地球に降臨するときに使ったとされる「天車」をＵＦＯのことではないかとしたうえで、次のように語っている。

「わたしがかつて宇宙人から聞いた金星は、二重構造になっていて、地下が居住地区になっているそうで、ＮＡＳＡの調査では金星は灼熱の惑星でとても生物が住める所ではないという解答を出していますが、宇宙人によりますと、それは金星の大気圏の温度で、地表の温度ではないというのです。実際には波動によって計らない限り正確な情報は得られないそうです。わたし達は太陽系の惑星に限らず、この地球の神秘や秘密を知りません」

（『私と直感と宇宙人』より）

（注：筆者は横尾忠則氏を直接取材したことがないため、横尾氏の言葉は彼の著作である『私と直感と宇宙人』『導かれて、旅』『見えるものと観えないもの』『芸術は恋愛だ』）からの引用です）

10 北川恵子とチャネリング

他人の本音が聞こえてしまう

横尾忠則と極めて縁が深いチャネラーに北川恵子《きたがわけいこ》がいる。この本で何度も紹介したが、幽体離脱により金星の会議に参加したことがあるというコンタクティーだ。「宇宙神霊（ウツノカムヒ）アーリオーン」とテレパシー交信をしており、その交信内容などを本にして公表している。一時期、横尾とアーリオーンとの間を取り持つ仲介者の役割も果たした。

宇宙人と交信するチャネラーには、いろいろなタイプがいる。完全なトランス（催眠）状態になって交信する人がいるかと思うと、意識は常にはっきりしており、友達と話をするように交信する人もいる。横尾忠則のように主に夢の中でメッセージを受け取る人がいるかと思うと、中には自動書記だけで交信する人もいる。北川恵子の場合は、まさに友達と話をするように、いつでも好きなときに宇宙人と交信することができるという。

しかし、北川恵子も最初から、自在にテレパシー交信ができたわけではないようだ。そこには、子供時代からの試行錯誤とそれなりの苦悩があった。たとえば、会話中に相手の想念がやたらと頭の中に飛び込んできた。秋山眞人がテレパシーを習い始めたころの現象と同じだ。

北川が相手の顔を見て話を聞いている分には問題ないのだが、相手を見ていないときに聞こえる声が、口からなのか心からなのか、わからなくなることが頻繁に起きた。人間関係が気まずくなるなど失敗の連続だったと北川は言う。「相手も、言いたくもない本音を知られて、気分がいいはずはありません」

こうした能力のことを話さないほうが自分のためだと、北川は子供のころからの経験で身に沁みて知っていたが、仲のいい友達ができると、つい見えたことや予知したことを話してしまう。すると、気味悪がられたり、相手を怖がらせたりして友達を失ってしまうのだ。

あるとき、その能力が何かに導かれるようにして別の方向へと動き始めた。

一九八四年（昭和五九年）のことだ。北川は正月早々、空海（弘法大師）が出てくる不思議な夢を見た。古びた日本家屋（平屋）の前庭に北川が立っていて、北川の斜め上方約二、三メートルの中空に、白い装束を着て髪をゆずらに結った若い男が浮かんで、北川のことを見下ろしていた。

別に言葉を掛けられたわけではないが、北川には彼が一三、四歳ぐらいのころの空海であることがわかったのだそうだ。その若き空海の衣服は、風になびいて、とても美しかったと北川は言う。彼は両手を広げて中空に静止していたが、何かを語りかける様子だったという。

奇妙なことに北川には、その夢に見た場所が京都の高雄《たかお》にある気がしてならなかった。そこで一九八四年一月、実家に帰った際に高雄に出かけた。多分、神護寺《じんごじ》であろうという気がして、神護寺に向かった。北川は小学校の遠足で高雄の清滝《きよたき》には行ったことがあるが、神護寺には行ったことがないという。だから神護寺ではないかとなぜ思ったかは、何かの導きがあったとしか考えられないと北川は言う。

ところが神護寺に行ってみても、立派な五重の塔などがあるばかりで、夢に見た場所は影も形もない。それでもどこかにあるはずだと、北川が山門からは見えない建物の裏手に回ったとき、一段低くなった場所に、夢とまったく同じ建物と前庭を見つけたのだ。

そこには古びた立て札があり、この古色蒼然とした建物に空海が数年寝起きしたと書かれていた。実際に夢で見たものを目の当たりした北川は、びっくりするというより、実在して当たり前のような気がしたという。そして「そういう受け取り方をする自分には、驚きました」と振り返る。

頭の中で響く〝声〟

神護寺へ行ってからというもの、行く場所ごとに必ず何か空海に関係したものがあるなど、偶然にしては出来すぎていることが起こるようになった。「もしかして、空海が私に何かを教えようとしているのではないかしらと思うようになりました」と北川は言う。

その答えは突如現われた。一九八四年三月二〇日、頭の中で声が聞こえたのだ。「四大《しだい》に礼拝せよ」と、その声は言った。声は、それを行なう方法と向き、時間などを事細かに北川に教え、北川はそれに従って教えられたとおりに実行した。

北川にとっては、これは未知の体験であった。これまで会話している相手の心の声が聞こえることはあったが、頭の中でいきなり声がするのは「まるで覚醒剤常習者みたい」だったからだ。そのときの感触について北川は次のように言う。

「体の感覚が日常の感覚より少し薄れて、眉間のあたりから後頭部にかけて幅広のハチマキをしているように感じられます。その部分は体とは逆に、生き生きと脈打つようです。声は、耳の三センチくらい上と両眉毛の付け根との交差点あたりで聞こえることが最も多いと思います」

北川は元々、疑り深い性格であったというが、こういう声がするときは、非常に従順な気持ちになっていて、まったく疑わないのだという。

翌一九八五年になると、声はもっとはっきりしてきたと、北川は言う。最初は「モイナ、モイナ」と語りかけるような声が聞こえ、三月に入ってからはしきりに「マーロート、マーロート」と聞こえるようになった。「モイナ」は、北川にとってはよく知った名前であった。北川はなぜかイギリスに実在した「黄金の夜明け団」という組織に興味があり、その統領だった人の奥さんの名前がモイナだったからだ。だが、マーロートという言葉にはまったく心当たりがない。

三月一六日午後、北川がワープロを居間に持ち出して、窓からの木漏れ日を浴びながらボーッとしていると、突然、例の「マーロート」が始まった。だが今回は、聞こえるだけではなく、「頭の中で見えるというか、何と言うか、視覚と聴覚の間のような感じで文字が浮かび上がってきた」という。それも何と英語だった。

You are here under the mission of ZOHAAT.
Your name is MAROOTH.
Shine the glory as sunshine,
Unite the warmth of the sun to cover the chillness of them.

北川が和文のほうがいいなと思うと、続いて和文が出てきた。

汝は、ゾーハートの命により、ここに参れり
汝の名は、マーロート
照らせよ、栄光を　太陽の如く
太陽の暖かさを以て、彼らの凍えを被い尽くせよ。

このメッセージは何か。ゾーハートとは誰なのか。これによると、北川の名はマーロートということになるが、いったいどういうことか。

瞑想と肉体の変調

メッセージの謎は、しばらくはわからなかった。それから二週間が経ったぐらいだろうか。四月になって、当時翻訳の仕事をしていた北川は、初めて行った翻訳会社で一人のフランス人男性を紹介された。その場では挨拶を交わしただけだったが、帰りの電車のホームで再びそのフランス人に出会った。

そのフランス人は、国籍はフランスだが、イスラエルとの混血だという。それを聞いた北川は何を思ったか、彼に向かって突然「カバラ」と言ってしまった。北川は慌てて「知

ってる?」と付け加えて、その場を取り繕った。すると彼は「知っているよ。僕は、イスラエルに八年住んでいたし、カバラァ〔注:彼はカバラァと発音した〕も勉強したんだ。ところで君は、日本人にしては珍しいね、カバラァを知っているなんて」と言って、不思議そうに北川を見た。

「いいえ、知りません。知っているのはその名前だけです。でも、あなたがヘブライ語をご存知ならお聞きしたい言葉があるのですが」と言いながら、北川は持っていた紙にMAROOTHと書いてみせた。

「これはヘブライ語みたいだよ。家に帰って辞書で調べてあげる」。彼はそう言って、後日電話をくれる約束をして、その日は別れた。

二、三日して、彼から電話があった。彼によると、MAROOTHとは間違いなくヘブライ語でスペルも合っていた。英語ではMastery of Authority、日本語では「権力の支配」とか「制権力」という大それた名前であることがわかった。北川は一瞬めまいがしたような気持ちになって絶句した。なぜ、自分がヘブライ語を知っていたのか。偶然の一致なのか。なにか自分の前世と関係があるのだろうか。北川はその答えを、自己流ではあるが、瞑想に求めた。

瞑想をすると、身体が下の方に沈み込む感じがして、北川の意識は前頭部に集中する。このとき、眉間のあたりが蚊に刺されたように膨らんでいるように感じることが多いという。触ってみると、本当に膨らんでいるのでびっくりした、と北川は言う。

少し話が飛ぶが、ここで一年半以上にわたってチベット密教の修行をしたという思想家中沢新一の体験を紹介しよう。瞑想により頭の一部が膨らむという体験は中沢も経験しているからだ。

中沢がネパールに住むチベット人の密教僧のもとに弟子入りして、密教の行者《ぎようじや》になる訓練を受けていた一九八〇年のことだ。チベット密教には「ドラッグをつかわずにただ瞑想のテクニックによって現実を変容させたり意識の深層領域に下降したりする訓練」がある。カトマンズから車で四時間ほどの山の中にある寺で、中沢は「意識を身体の外に送り出し、死の状態をコントロール」するための激しい瞑想修行をしていた。「自分の頭上に『阿弥陀ブッダ』の想像的なイマージュをつくりだし、その胸めがけて、自分の胸のチャクラに観想した『心滴』という赤い光の滴をとばしていくプロセスを繰り返し訓練する。光の滴が胸から上昇するたびにものすごいエネルギーが頭頂にむかってつきあげ、その滴が頭頂を離れる度に」中沢の眼球の中にたくさんの青い火花のようなものが飛び散るのだという。これにより頭頂には肉の塊《かたまり》のようなしこりができる。

その修行を始めて二日目ぐらいから中沢の頭はガンガンと鳴りだし、頭頂にできたしこりが痛みだした。四日目になると痛みが少し消えて、そのかわり頭頂の肉がこんもり盛り上がり、「そのてっぺんにジクジクした血まめのようなものがでてきた」という。ラマ

（密教の師）によると、それは修行がうまくいっていることの証拠なのだと、中沢は述べている。

そしてとうとう七日目の晩、中沢は意識が身体の外に出て、自分の体を見下ろすという、いわゆる幽体離脱体験をするのだ。これがきっかけとなって中沢は、密教修行の新しい段階へと踏み込んでいったという。

中沢や北川の話からわかることは、瞑想は時に頭の一部が膨れるなど肉体的な変調や変化を伴いながら、修行者の潜在能力を高めていくということだ。

自分の前世がわかった

中沢新一の体験が物語るチベット僧の瞑想さながらに、北川は瞑想によってテレパシー能力を高めていったようだ。頭の中で聞こえる声は段々と、はっきりとした、具体的な内容を伝え始めた。意味は難解だったが初期のころは詩のようなメッセージで、次には北川との対話の形式で〝声〟が話しかけてきた。

北川は複雑な思いだった。「いよいよ精神病患者のようになってきたなと思いながら、しかし心のどこかではまったくの信頼を置き」ながら、〝声〟と付き合わざるをえなかった。しかも〝声〟は、北川がやりたくないようなことをやるように、しつこく言ってくる。

そこで北川は一計を案じた。〝声〟との対話をやめ、〝声〟の勧めることの反対のことをしたのだ。そうすれば、きっとあきらめて、もっと聖人のような人のところへ行ってくれるに違いないと北川は思った。ところがどんなに〝声〟を無視しても、〝声〟は辛抱強く語りかけてくる。一カ月後、その熱意に、とうとう北川は根負けした。

観念して付き合うことにしてからは、「本当にびっくりするような事件ばかりありました」と北川は言う。まず、〝声〟は北川の前世を教えてくれた。そのきっかけは、ある人物が誘導した瞑想だったという。自分でやる瞑想に比べて、ずうっと深いところまで入っていった。問いに答えるやり方で、北川自身が紙に書いてゆくもので、そのときの答えは北川が想像もしなかったような驚くべき内容だった。

それによると、北川は一二世紀にはシナイ半島に住んでいた。そのときの名前はセピアリス。男性だった。両親の名は、父はヨシア、母はアルナといい、兄弟は兄が二人いて、ヘライテスとヨリアルといった。家業は、舟を造る木型をかたどる仕事だった。セピアリス（北川）は家業を手伝っていたが、ある日、乾燥した砂地の丘のような場所にたった一本だけ立っている木の根元に座っていたときに、「神の啓示」を受けて、にわかに病人の世話を始めるようになったという。

セピアリスは、体中におできのようなものができた人たちを集めて、治療のようなことをした。三〇〜四〇センチぐらいの布に黒い薬を塗って、それを人々の患部に湿布薬のように貼ってあげていた。その薬は、四、五種類の薬草をすりつぶして何か独特の方法で発酵させたものだったという。彼は生涯独身で、死ぬまで苦労の連続だったにもかかわらず、幸福だったようだ、と北川は言う。

一八世紀のイギリスにも住んでいた。生まれたのは一七三八年。ジョージ二世が王位にあったときだという。成人してから住んでいた場所はハムステッドという町で、糸の会社に勤めていたらしい。子供も五人いたようだが、不思議なことに自分が男だったか女だったかはわからないという。

名前も思い出せなかったが、魔法名を持っていてアルマ・マグナと呼ばれていた。先生の魔法名はヴァリアノス・トリ・アノス、属していた団体名はオルド・テンプリといった。先生は錬金術と占星学の大家で、北川も当時、相当に魔法の知識があったようだが、何かの理由で先生と喧嘩して団体を出たという。面白いことに、今生でもその先生に会うことになっているのだと北川は言う。

オリオンからのメッセージ

瞑想と〝声〟によって、北川は自分の前世を思い出した。だが、これにはどういう意味があるのだろうか。北川は〝声〟にたずねた。なぜ、こういうことを自分に知らせるのか、と。すると〝声〟は答えた。「すべてが計画の通りに行なわれているので心配しないように」。しかし、この答えに納得のいかない北川は、執拗に尋ね続けた。その結果、どうも北川に起こったような霊的な動きは、地球規模の潮流の一つであるということがわかったのだという。

　北川は、〝声〟に教えてもらったことをすべて話すことはできないとしたうえで、次のような警告も発している。特に、霊能者と呼ばれる人の中で、暴利をむさぼっている人に対しての「霊界からのある意味での警告」だという。

　それは、神および神霊の名を使って必要以上の物を取ってはいけないということだ、と北川は言う。「必要以上」とはどれくらいであるかは、おのおのの判断にゆだねられているらしいが、北川によると、霊能力は「ただでもらった贈り物」であり、他人のために役立てるためのものである、私利私欲を満足させるためのものではない、霊能力者や超能力者はその人自身が秀でているわけではなく、霊界、神界からの声の窓口、受信機にすぎな

北川恵子とアーリオーンのメッセージが記された書

いのだという。

〝声〟はまた、次のようにも言った。

あなた方が「神」と呼んでいる宇宙の壮大な意志から見れば、総《すべ》ての人は宝石であり、各々が光り輝いている。一つ一つの宝石はいずれ劣らず美しい。総ての生きとし生けるものは、「神」の中で呼吸し育つ。総ての命あるものは、「神」の血肉である。自分の血肉に甲乙付けられようか。総て、生あるものは、平等に光を受ける。これは、書かれてある通りである。光を感じ、光を享受する事を忘れた時、宝石の光は失せる。額を光に向けて、生きよ。

やがて、〝声〟の向こう側にある存在も明らかになってくる。〝声〟は性質を変え、自己紹介をした。「私は、オリオンM42を中心とし、ペテルギウスを母体とする神霊である。私のコード・ネームはアーリオーン、コード・シンボルは薔薇《ばら》と鷹《たか》を含むヘキサグラムである。私の霊的傾向は『炎』、コード・カラーは燃える赤である」

こうしたコード・ネームについて、秋山眞人が面白いことを言っている。コードを明らかにするのは、実はテレパシーでコンタクトをする場合の礼儀であるというのだ。逆に言うと、コードを明らかにしないのは、一種の「もぐりのコンタクト」となる。秋山にもテレパシー交信があるときは、必ず記号化されたコードが最初に送られてくるのだという。

北川にも、これが起きたわけだ。

そして、メッセージは続いた。

光よりの光、オリオンの最上の帯としての光より来たりて伝える。

我が名はアーリオーン、愛と光の天使……

以下、メッセージ内容を知りたい方は、『光の黙示録』(大陸書房刊)、『光よりの光、オリオンの神の座より来たりて伝える。』(南雲堂刊)、『アーリオーン・メッセージ』(徳間書店刊)などをお読みください。

11 政木和三と「自分の中の神」

オープンコンタクト

前世でアトランティスの神官であったという政木和三《まさきかずみ》の周りで起こった超常現象にも触れておこう。政木和三と横尾忠則は「UFO友達」であり、時々会っては情報交換をしていた。そのときのエピソードとして、次のようなことがあった。

一九八六年（昭和六一年）九月一五日、横尾は夢を見た。

一九九七年のある日、アメリカの巨大航空母艦が大洋で事故を起こし、二〇〇〇人の人命が危機にさらされるが、そのときUFOが彼らを救助するというのだ。横尾によると、それは一般的な夢のようなビジョンを伴わず、強烈な印象（感応）だけの「夢とも啓示ともわからないようなもの」だったという。そのことを、夢の中で横尾の長女に話しかけると、長女は「しゃれてるわね」と言ったのだという。

これだけなら不思議な夢で済ますことができたかもしれない。しかし同じころ、政木和三も一九九七年にアメリカの航空母艦が事故を起こして沈みそうになりUFOが来て助けてくれるという情報を、「宇宙生命体」から聞いていたのだ。まったく別々の場所で異なる人物が同じ情報をテレパシーによって得ていたことになる。政木と横尾はこのことについて話し合った。一一年後にいよいよUFOと地球人の間のオープンなコンタクトが始まるのではないか、と。

二一世紀になった現在、一九九七年にそのような事故があり、UFOが助けに来たなどという話はついぞ聞いたことがない。実際に起こらなかったのか、あるいは起こっても伏せられたのかは、私は関知していない。

ただ言えるのは、一九八六年当時、そのようなテレパシー交信が地球人に向けて発せられた可能性があるということだ。仮にそれが宇宙人側からの地球人へのメッセージであったとしたら、当時そのような未来が実際に起こりつつあったか、あるいはそのような方向性を持ったメッセージを送信することによって地球人の覚醒を促したかの、どちらかであろう。

私は、その答えは後者だったのではないかと考えている。宇宙人側は一九九七年をよりオープンなコンタクトを開始する年として位置づけていたような気がする。当時、ノストラダムスの予言関連で一九九九年に何か起きるのではないかとの不安感が増し、世紀末に向け地球人の波動が悪い方向へと向かいかねなかった。その誤った波動を是正するために、宇宙人たちはより一段階進んだコンタクトに移行しようとしたのではないだろうか。

そのころのコンタクティたちの動きは、それを裏付けている。たとえば、北川恵子と交信していた宇宙神霊（ウツノカムヒ）アーリオーンは一九九六年一一月、それまで難解だったメッセージの謎解きをする本『アーリオーン・メッセージ』を北川らに出版させ、来るべき地球大変動に備えて地球人（とくに日本人）に早く覚醒するよう促している。

そして、それまでの宇宙人との体験の記録を公表するように要請された秋山眞人は一九九七年四月、『私は宇宙人と出会った』を出版した。すでに述べたが、秋山によるとそれは、「一九九七年という年が、私たち人類にとって大きな節目」だからであり、公の場で宇宙人とコミュニケーションしている事実や内容を積極的に公表・開示する必要があるのだと宇宙人が言ったという。

一九八〇年代後半には、日航機長と開洋丸乗組員にＵＦＯを相次いで目撃させた。九〇年代後半には、それまで水面下で進められていた宇宙人とのコンタクトをよりオープンに、かつ具体的に明らかにするという試みがあった。あくまでも推測にすぎないが、すべてが宇宙人側の綿密な計画のもとに進められているように感じられる。それも直接的で性急な計画ではなく、ゆっくりと潜在意識に働きかけるような計画である。政木和三もまた、その計画の中で重要な役割を果たしたことは、まず間違いないであろう。

物理一辺倒VS超能力

人の一生は、ほんのちょっとしたきっかけでガラっと変わるものだ。ときには天と地がひっくり返るほど激変することもある。政木和三の後半生は、まさにそうした人生であった。

政木は戦前、戦後を通じて、ずっと理工系畑を歩み続けた。専門はエレクトロニクスだが、大阪大学工学部で航空工学、通信工学、造船工学など幅広く学び、同大医学部では神経や筋肉の研究に携わるとともに低周波治療器を開発。一九七〇年には同大工学部工作センター長（工学博士）に就任した。

科学万能主義の申し子のような研究・発明家で、神仏はまったく信じず、この世における現象はすべて物理的に説明できると豪語していた。つまり、早稲田大学の大槻義彦《おおつきよしひこ》名誉教授を思い浮かべるといいだろう。すべての現象を放電現象などの物理的現象で説明できると信じているような人物であったわけだ。

しかし、そのような「物理一辺倒」で頭は「石よりかたい」という政木を、根底から揺るがす現象が起きた。一九七二年（昭和四七年）三月七日、テレビで念力によりスプーンを曲げるという番組をやっていたのを見て苦々しく思い、「そんな馬鹿なことがあるものか」と電話で抗議、ついには自分で開発した「金属ひずみ計測器」を持ってテレビ局に乗り込んだ。

番組として公開された実験では、スプーンの首のところに一〇万分の一のひずみでも検出できる「ストレーンメーター（ひずみ計）」を貼り付け、スプーンに触れることなく念を込めるだけでひずみができるかどうかを測定した。「超能力者」が念を込めるが、一向に曲がらない。アナウンサーは「曲がりませんね」と説明するが、政木はその言葉とは反対に驚愕《きょうがく》の事実を目の当たりにしていた。メーターには一万分の三だけ曲がったことが示されていたのだ。

次に、スプーンを空中に放り投げて曲がるかどうか測定した実験では、床に落下したときの衝撃とともに一〇〇〇分の一のひずみが発生したことをメーターは示していた。その程度のひずみは目に見えないので、テレビを見ていた人は、実験は失敗したと思ったはずだと政木は言う。「しかしわたしにとっては、天地がひっくり返るほどの事件となったのです」

人が思うだけで金属が曲がってしまう。それがたとえ一〇〇〇分の一であろうと、一万分の一であろうと、物理的な力を加えることなく、思念によって物理的な変化が生じることはありえないことだった。政木は、これまで工学部で学習してきたことが根底から崩れ落ちていくのを感じた。

●――成功した超能力実験

スプーン曲げによって、自分がそれまで信じていた物理の法則が通用しなくなったことに仰天した政木和三は、今度はこの現象を解明しようと躍起になった。最初は大槻教授と同様に静電気などで説明を試みようとしたが、どうも説明がつかない。一九七三年からは、工学部の学生を集めて、超能力実験を開始。不思議な能力がある大脇一真という近所の小学生にも実験に参加してもらった。

大脇一真はいろいろな不思議な現象を引き起こした。大脇の右手に画用紙とクレパスを持たせ、走りながらそれを上に投げ上げさせる。すると空中で、画用紙に文字と絵が出現するのだ。そこに書かれた文字や絵は力強く、一〇万分の一秒ぐらいの瞬間に出現する。それを何百人もの人が目撃した。

あるときは、政木が作った代数の問題を大脇一真に空に向かって投げさせ、「答えになれ」と叫ばせた。その瞬間、空中で二つの式の答えが発生した。長さ一・五メートルぐらいのボール箱を宇宙人になれと言って、マジックペンと一緒に投げさせたときは、不思議な形の人が描かれていた。赤と緑のクレパス二本と紙を空に向かって投げさせたときは、花は赤色で葉と茎は緑色で描かれたチューリップが出現した。

そのほかにも大脇一真は、トランジスタでつくった低周波発信器の周波数を、念力で変化させることにも成功した。メーターを取り付けピアノ線に向かって曲がれと叫ぶと、ピアノ線が二・五ミリ長くなった。通常ピアノ線をそれだけ伸ばすには、約二トンの力で引っ張らなければならない計算だという。

公開実験だけでもこれだけの現象が起きたが、政木と大脇一真が二人だけでやった実験では、もっとすごいものがあった。物体の瞬間移動である。ボールを空中に投げて消滅させ、思う場所へ移動させることもできた。ボールを坂道の高いほうへ念力で転がしたり、コップを壁に投げつけ、当たる直前に消滅させたりすることにも成功したという。

この実験の過程で、政木はある法則に気づく。実験はいつも一〇〇パーセント成功するわけではなかった。しかし、成功するときには、ある条件が必要なようだった。たとえば、大脇一真がテレビカメラの前で何かをやろうとすると、「やってやろう」という欲望が湧き、できなくなることがあったからだ。

政木は大脇一真に言った。「君がやろうと思っても、君の肉体が空中で絵も字も書けるはずがないのだよ。君がするのではなく、君の中にいる生命体（支配霊）がしてくれるのだから。君の中にいる生命体にやってくださいとお願いしなさい。そして撮影されていると思うと欲望が湧くから、目をつむってやりなさい」。大脇一真がその通りにやると、何回でも紙に絵や文字が現われ、それがテレビに放映された。

　また、大脇一真の家から二キロ離れた政木の自動車の中に物体を飛ばす実験のときは、「移動した」と完了形で思っただけで、実際に車内にその物体が出現していたこともあったという。これらのことから「人が思う、それも欲望を持たず、完了形で思うと、そのとおりのことが事実として現われ」てくる、そういう宇宙の法則があるのではないか、と政木は言う。

●――初めての幽体離脱体験

　ミイラ取りがミイラになるとはよく言うが、政木和三の場合は超能力の謎を解こうとするうちに、何と自分が超能力者になってしまったケースである。

　その転換期は、一九七五年（昭和五〇年）一月一日未明に突如、幽体離脱を体験するという形で訪れた。スキーをするために、家族と信州・熊の湯の旧国鉄山の家に宿泊中のことだ。元日の午前一時に目を覚まし、温泉に入って自室に戻ったときに、政木に初めて幽体離脱現象が起きた。

　信州に肉体を置いたまま、政木の幽体は南へと飛翔した。どのくらい飛んだのだろうか。空から下を見ると、小さい丸い島があり、海岸に龍が二匹いるのが見えた。政木はそこに着地してみることにした。

大きな木がある海岸を岬のほうへ歩いていくと、二本松が見えた。そのすぐそばの海面からは、五〇メートルはあろうかという、大きな金色の龍が立ち昇っている。瞬間、光る片目で政木をにらんだ。政木はそのときのことをこう書いている。

「生きている龍を見るのははじめてです。私に絵が描けたらこれを写生するのだが、と思いました。それからさらに歩いていくと、ちいさな社《やしろ》があって、その付近の一木一草までいまでも目の底に焼きついています」(『驚異の超科学が実証された』)

この幽体離脱体験から数カ月後、知人と名古屋から新幹線に乗り東京方面へ向かっているとき、その話をした。するとその知人は、ちょうど車窓から見える景色を指して、それは蒲郡《がまごおり》の竹島《たけしま》ではないかと言う。

政木はその言葉を信じて、東京からの帰りに蒲郡の竹島に寄ってみることにした。ところが竹島に渡っても、松の木がない。やはり場所が違うのかなと思いながら島の南端まで行くと、何とそこには幽体離脱したときに見たのと同じ二本松がある風景が現われた。松の根元には「龍神の松」の石碑と、白龍王を祀った小さな社も立っていた。

宮司に聞くと、何でも三〇〇〇年ほど前、竹島に母親の白龍と二匹の子供の龍が住んでいた。あるとき、この近くの人の目が見えなくなり、お宮さんに願《がん》を掛けたところ、母親の白龍が子供の龍の目を一つだけあげるとのお告げがあり、目が見えるようになったそうだ。

このことがきっかけとなって、政木の周りには不思議な現象が次々と起きるようになったという。まず、真珠や仏像、大黒様や恵比須様の木彫りの像が目の前に出現するようになった。こうなっては無神論者の政木も神仏を信じないわけにはいかなくなった。そしてとうとう「神の啓示」もあったと政木は言う。

政木によると、天空より声が響いてきて、こう言ったという。

「汝、神仏の存在を信じることができうれば、本日をかぎりとして、神仏に対する依存心を捨て、自己の力のみにおいて生きていくべし」

「神仏は人間の願いは、いっさい受け付けない」

「神仏に願いたいことあらば、願いを忘れて過去完了形で思えよ」

無神論者から有神論者になった政木に対し、最後には神の存在を信じる無神論者になれと声は言う。矛盾しているようだが、「ゼロ次元のゼロと九次元のゼロは、同じ『0』でも次元の違うことを、はじめて悟った」と政木は言う。

自分の中にしか存在しない神

政木和三の不思議な体験のうち、仏像や真珠、大黒像が現出する現象がいちばん理解するのが難しい。一体、誰がどうやって、そのような現象を引き起こしたというのだろうか。政木の言うことをそのまま信じるならば、神や仏がやったことになる。

実はこれと同じ現象が横尾忠則にも起きている。横尾は何度も政木から大黒様が空中から出現する話を聞かされていた。それは政木に会った次の日のことであった。行きつけの寿司屋に二、三人の人たちと行き、座敷に上がろうとした瞬間のことだった。『私と直感と宇宙人』の中で、横尾はそのときの様子を次のように書いている。

「ピカッ」と小さな物体が横尾の足元の中空で光ったかと思うと、ポトッと音がして金色に輝く金属のようなものが畳の上に転がった。そばにいた女主人は思わず「キャッ」という声を上げたほど、それは突然で一瞬の出来事だった。横尾が拾い上げてよく見ると、それは神社で引くおみくじなどに入っている小さな大黒様であった。

横尾は早速その晩、政木に電話をして、その出来事を報告した。電話口の向こうで政木は言った。

「ああ、よくあります。全然不思議でも何でもありません。あなたの波動が顕現《けんげん》させたんでしょう」

「何のために現われたんですかね」と横尾が聞いた。

「あなたの寿命が長くなった印のために現わした、とたった今神様が私におっしゃいました」と政木は答えた、という。

政木に話しかける神とはどのような存在なのか。私は政木に聞いたことがある。

「それは高次元の宇宙生命体のような存在ですか」

「そうともいえるでしょう。私の言う神とは、神社仏閣のものではなく、自分の中にしか存在しない神のことです。私は六〇歳ころまで、この世に神仏などいないと確信を持っていましたが、ありえない数々の超常現象によって、神の存在を認めざるをえなくなったのです」

自分の中にしか存在しない神――。政木はそれをただ「生命体」と呼ぶこともある。おそらく、過去から未来にかけてのすべての自分（自我）を統制するといわれる「ハイヤーセルフ（超自我）」のような存在であるのだろうか。あるいは秋山眞人にコンタクトした宇宙人が言っていた「科学的に突き止められた神」であるのかもしれない。

いずれにしても、政木の中に存在する神（生命体）がそうした像を造りだすのだという。そして、その神は、政木に宇宙の法則を教え、数々の奇跡を起こさせた。

●――超能力のメカニズム

政木和三の中に存在する神（宇宙生命体）が一貫して言っていることは、非常にシンプルで明快である。目先の欲望や執着を捨てて過去完了形で願えばこの世に不可能はない、ということだ。古神道の御鏡御拝之行法《みかがみぎよはいのぎようほう》に通じるものがある。鏡を直視して自分の中にある神性を拝む。無私の自分が映るまで拝む。すると「我（ガ）」がなくなって、鏡（カガミ）が神（カミ）になるという象徴的な行法だ。

この考えは面白いことに、秋山眞人や北川恵子といった超能力者に共通する主張でもある。たとえば秋山は、スプーンを念力で曲げるとき、曲がってほしいと念じるよりも、スプーンがすでに曲がった状態を思い浮かべるとうまくいくと話している。テレビカメラの前で、あまりにも曲がってほしいと執着したり、自分が曲げてやろうと意識したりすると、全然曲がらないことが多いという（後に紹介する清田益章も同じようなことを言っている）。

北川が受け取ったメッセージにも同様なものがある。それは人間が修行して神霊と話したいと願っても無理だという内容で、次のようなものだ。

「人間界の修行のみでは、神霊界への橋渡しを請願することは不可能であり、むしろ、修行で培われる忍耐や、もろもろのものを忘れ去った時にこそ請願が通ることが多い」

つまり、願いは忘れたころ（執着がなくなったころ）に叶うことが多いという。

私にも思い当たる節がある。私は茨城県に住む画家の海後人五郎《かいごじんごろう》宅で、北川恵子とともに木と紙をくっつけるという実験をやったことがある。木は静電気が起きづらいので、プラスチックの下敷きと紙のように簡単にくっつくことはない。しかも、こすらずに紙と木を近づけた場合は、まずくっつかないはずだ。

ところが、海後が造った木彫りの「超能力開発装置」は紙を吸い付けるというので二人で試してみた。北川も私も最初は紙が吸い付かないが、ある瞬間に紙を吸い付けることに気がついた。頭を空っぽにしたとき、あるいは欲がなくなった瞬間に、紙が木に吸い付くようにくっつくのだ。「くっつけ、くっつけ」と念じているうちは、木と紙はくっつかない。秋山が言うところの「緊張後のリラックス状態」になると潜在能力が最大になるという経験則とも合致するようだ。

政木はこの無欲の能力を使うことにより、一九七七年（昭和五二年）一〇月に実施された関西シニアゴルフ選手権で優勝することができたのだという。その日、政木は第一打を打とうとしたとき、インスピレーションが浮かんだ。

「汝のゴルフ場は足許一メートル四方だけである」

それは神の啓示のようでもあった。政木はこの言葉により、ゴルフの神髄を悟ったという。飛ばそうとか、グリーンの旗のそばに寄せようとか欲に支配されると、必ず失敗する。目の前に川があろうと、池があろうと、バンカーがあろうと、ボールの飛ぶ空中とは何の関係もない存在である。足元にこそ、すべての答えがある。

政木はゴルフ場での「神の啓示」について次のように語っている。「目前の欲望を捨てて、自分のすべきことを黙々とやっておけば、大きな成果が自分のものとなることを（ゴルフを通じて）教えて」くれたのだ、と。

●「人間測定器」の発明

不思議な出来事が起こるはるか以前から、政木和三は発明家でもあった。政木は子供のころから電気が好きで、一七歳のとき自己流のウソ発見器を発明、地元の警察署に持っていき、実験をしてみせたこともあった。大阪大学時代も、超音波コンクリート厚さ計、金属探傷器、飛行機用の熱線風速計など多くの測定器をつくった。

政木はそうした研究用の機材だけでなく、瞬間湯沸かし器や自動炊飯器、自動ドア、エレキギターを発明し、それらを無料で公開した。つまり特許料を一円も取らなかったのだ。この金儲けのためではない数々の発明のおかげで、寿命が延びたのだと、政木は言う。

その「寿命が延びた」という話を紹介する前に、政木がインスピレーションによって発明した人間測定器「フーチパターン」について説明する必要がある。それは一九七三年(昭和四八年)三月七日、大阪大学キャンパス内で政木が学生食堂を出て工作センターの自室へ戻る途中のことだった、と政木は言う。

「棒磁石を芯にした振り子をつくれ」という強烈なインスピレーションが不意に湧いたのだ。

思いもよらない突然のひらめきではあったが、政木にはお手の物であった。早速、ベークライトの棒の中心に三ミリぐらいの穴を開け、中にマグネット棒を差し込み、上端を銅線で吊り下げるようにした。わずか一時間ほどで「棒磁石を芯にした振り子」が出来上がった。ところが、何に使うかわからない。政木は何気なく、振り子を右手に持ち、左手の甲の上に吊るしてみた。しばらくすると、振り子は左右一直線に揺れ出した。「これは不思議だと思って、近くにいた人に手を出してもらい同じことをすると、私とはまったく違う振れ方をするのです」と政木は言う。

これこそが、政木が編み出した人間測定器「フーチパターン」が誕生した瞬間であった。フーチとは神の占いという意味だという。政木はこれを三カ月間、三〇〇人以上の人に実験し、確率的に、あるパターンの人はどんな人格の持ち主であるかということを知るようになった。政木はさらに三万人以上の人を測定した結果、人間性だけでなく、その人の適職、病気、交通事故の有無、恋人との相性や前世の関係までもわかるようになったとも言う。

ただし、この測定のときも、頭から雑念や先入観を取り除き、無念無想の無我の境地に入る必要があるようだ。政

政木和三はインスピレーションを得てゴルフの新打法を発明した

木によると、そのような状態になったとき、振り子の磁石の周辺から輝くような白色光または黄金色が発するようになり、胸にあるショックを感じ、磁石が動きだすという。

そして政木は、フーチパターンを分析することによって自分の死期をも知ってしまったのだという。

徳を積んで寿命が延びた

自分の死期を事前に知り、その予言通りに亡くなったケースは世界でも多くあるようだ。有名なところでは、エマニュエル・スウェデンボルグが自分の死ぬ日にちを予告した手紙を第三者に送り、実際にその日に「霊界へと旅立って」いる。スウェデンボルグによると、霊界との交信により容易に死期を知ることが可能なのだという。

一六世紀、当時最高の占星術師といわれたノストラダムスも、自分の死期だけでなく、多くの事件や人々の死期を予言、実際に的中させたとされている。先に紹介した竹内巨麿の四男高畠吉邦も知人の死を事前に知ることができたために、「誰々さんに会っておきなさい」と、知人が死ぬ前に面会しておくように妻に言うのが常であったという。人には天の法則によって決められた寿命があるのだろうか。

その日は一九七九年（昭和五四年）二月であった。これはフーチパターンによって知った「政木の寿命が尽きるとき」だった。「死因」は心臓発作。政木はそれを約六カ月前に知った。当時、政木は肝臓をわずらっており、医者から治療を勧められたが、それも断った。死期を知った政木は、ますます目先の欲望に拘らなくなった。

死期が迫っていても、別にそれをそのまま寿命だと受け止め、欲望をすべて捨て去ってしまった政木に、一九七九年の元日の朝、生命体からのメッセージが届く。

「汝は永年にわたり、陰徳を積みたるがゆえに、汝の寿命を延ばし、汝に力を与える」

政木は最初、どのような陰徳を積んだのか分からなかった。その後、生命体から、瞬間湯沸かし器や自動炊飯器など数々の発明をしながら、自分は一円の収入も得ず、多くの人々に喜びを与えたことが陰徳であることを知らされたという。

政木にとって、発明によって特許権を行使し、カネを儲けるなど、ほとんど考えられないことであった。あるとき電機メーカーの関係者に、政木が約三〇〇〇件にも上る自分の発明特許を無効処分にしなければ四〇〇〇億~五〇〇〇億円の特許料が入ったのではないかと言われて、政木はこう答えた。「そんなお金なんかいりません。生活できるだけのお金があればいいのです。それに私は瞬間に発明ができます。瞬間にできるものでお金はいただけませんよ」

政木の寿命は先に延びた。

秋山眞人も表現は違うが同じようなことを言う。「徳を積むとは、結果的に自分の得になることをすることなのです」。つまり、人のためになることをするという徳は、めぐりめぐって自分の得になる、情けは人のためならずという宇宙の法則が働くということのようだ。

政木はほかにも、作曲も演奏も学んだことがないのに、作曲しピアノを弾いたり、習ったこともないドイツ語を完璧に理解したりするなど、数々の不思議な体験をしているのだが、話がまた長くなるので、ここではそれに触れない。

ただ最後に、政木が生命体を通じて得た次のようなメッセージを紹介しよう。

——水をかぶったり、お経をあげたりするのは、自分のための修行であって、自己満足にすぎない。本当の修行とは、欲望を捨て自分以外の人々に喜びを与えることである。すると、人々に喜びを与えたエネルギーが、高次元の生命体となって自分の肉体の中に入ってくるのだ。

12 堤裕司と人間探査

振り子で水脈探査

秋山眞人や北川恵子の宇宙人についての話や、政木和三の物質化の話は信じられないと言う懐疑派の中でも、振り子で水脈を探り当てることで知られるダウジングなら信じられると言う人は意外と多いのではないだろうか。ダウジングとは、ヨーロッパなどでは昔から日常的に行なわれている「技術」とも呼べるようなもので、振り子や曲がった針金を使って、地中に埋設されている水道管や水脈、水源などを探知するものだ。

日本でも少なくとも一九八〇年代前半までは、東京・武蔵村山市などの水道局が地中の水道管の埋設具合を知るためにこの技術を使っていた。ところが、そのことがテレビで放映されると、一部の納税者から「市民の税金をオカルトに使うとは何事だ」との苦情が寄せられたため、表向きはダウジングはやっていないことになっているのだという。

そのダウジングを日本に普及させようとしているのが、日本ダウザー協会の堤裕司《つつみゆうじ》会長だ（ダウザーはダウジングをやる人のこと）。

堤は一〇歳のとき、当時住んでいた山口県宇部市で、向かいの家の屋根の上を飛ぶオレンジ色の楕円形ＵＦＯを目撃。またそのころ、自分がどんどん小人のように小さくなり、周囲のものが巨大化する体験もしているという。そうした体験に加えて精神世界関連の本を集めていた兄の影響もあり、ミステリーや精神世界に興味を持つようになった。

一四歳のときに、本でダウジングという技術があるのを知り、水脈探しなどを体験するようになった。それ以来、ダウジングに魅せられ、一九八四年（昭和五九年）に日本ダウザー協会を設立。英米のダウジング団体とも交流を開始した。

堤によると、ダウジングに似たような技術は、約四〇〇〇年前の中国、古代エジプト、インカのほか、オーストラリアの原住民アボリジニなどにより世界各地で使われてきた。旧約聖書ではモーゼが水脈探しのダウザーとして登場、真言宗の開祖・空海もダウザーのような活動をしていたという。

ダウジングは、水脈を探すためだけに使われるのではない。油田や鉱脈、あるいは「なくした物」「置き忘れた物」を探すこともできる。面白いのは精神を探るダウジングもあり、たとえば、「恋人が考えていること」といった人の考えも知ることができるのだと、堤は言う。

ダウジングに使う基本的な道具は四つある。ここではそれぞれについて詳しくは説明しないが、たとえば振り子を使った場合、縦に往復（直線）運動をしていたものが、回転運動を始めたら、「探しているものはこの方向にありますよ」（方向指示）とか「探しているものはここにありますよ」（発見）という反応であるのだという。

堤は「ダウジングはただの技術ですから、三〇分もあれば、誰でもできるようになりますよ」と言う。確かに、精度に差はあるにせよ、誰でもすぐにできるようになる。しかし、ダウジングの不思議なところは、どうして当たるのか、その理由がまだ完全に解明されていない点だ。

●――マップ・ダウジングに目覚める

ダウジングのメカニズムについては、わかっている部分とわかっていない部分がある。わかっていることは、ダウジングは自分の潜在意識が考えていることを知るテクニックであるということだ。

しかし、潜在意識が主役であるということはわかっているのだが、どのように使っているかについては諸説がある。これが、わかっていない部分だ。

一つは、人々の潜在意識は心の奥深くでつながっており、個人を超えた集合意識から情報をつかみ、表層意識へと吸い上げるという考え。もう一つは、物質には特有の波動があり、それを潜在意識がキャッチして、探し物がどこにあるかわかるという見方。いずれにせよ、その潜在意識が捉えた情報を基に筋肉が反応して、振り子を動かすというわけだ。

具体例を挙げると、ダウザーは「ここに水がありますか」と振り子に聞きながら水脈を探す。するとダウザーの潜在意識は、集合意識にアクセスするか、あるいは水の波動を感じ取るかして、情報を脳に伝える。脳はその情報を基に、指先の筋肉に指令を出し、振り子が動きだす。振り子はまさに、脳が発令した、目に見えないような筋肉のわずかな動きを増幅する装置の役目を果たすのだという。

堤裕司は自分が超能力者扱いされることを嫌う。ダウジングは「潜在能力を開発する技術」だと考えているからだ。それでも堤は、ダウジングに「超能力的な部分」があることは認めている。水脈探しや水道管探しは、水の波動を潜在意識が感知すると考えることで説明できる。しかし、恋人が何を考えているかわかったり、トランプのカードを当てたり、純粋に地図上で探し物を探し出したりすることは、物質が発する波動説では説明できない。それを堤が本当に実感できるようになったのは、テレビ局の依頼でマップ・ダウジングをやるようになってからだと、堤は言う。マップ・ダウジングとは、現場に行くことなく、地図上で探し物を見つけ出すテクニックだ。地球の裏側からでも探し出すことができるという。堤は、マップ・ダウジングという技術があることは知っていたが、それまで真剣に試したことはなかった。

それは一九九〇年（平成二年）ごろ、TBSの『たけしの頭の良くなるテレビ』の中で、初めてマップ・ダウジングに挑戦したときだ。東京二三区内の地中に隠された「宝物」を探し当てる実験だが、堤はマップ上で三カ所に絞り込み、そのときはディレクターの「誘導」もあり、新宿に狙いを定めて現場まで出向き、新宿区内に埋めてあった宝物を、ほとんど数メートルの誤差の範囲で見事探し当てることができた。

誘導は、堤が「こっちかな」などとまだ迷っていると、ディレクターが「その場所へ行ってみましょう」と後押しをしてくれるのだという。完全な誘導ではないが、ディレクターは「正解」を知っているので、暗に堤を正解へと導くことも可能なわけだ。

しかし、仮にいくらかの誘導はあったにせよ、堤にとっては驚きであった。東京二三区内という無限ともいえる広大な領域の中から、少なくとも三カ所を選び出し、そのうちの一

堤裕司はダウジングで探し物を見つけ出す

カ所に、実際に埋められた宝物があったからだ。ダウジングには、なにか超能力的なものを引き出す力があるのではないか、と確信するようになったという。

林家ペーを探せ

一回目のマップ・ダウジングの成功で味をしめたからか、一九九〇年四月にも、『たけしの頭の良くなるテレビ』のディレクターから「タレントの林家ペーさんがある場所に隠れているのですが、(ダウジングで)探してみませんか?」との電話が掛かってきた。今回は、日本のどこに隠れているかわからない林家ペーを、マップ・ダウジングで探し出してみろ、というわけだ。東京都二三区内どころの話ではない。探さなければならない面積は、一気に数十倍に増えた。

朝一〇時前に東京・赤坂のテレビ局に着いた堤裕司をディレクターが出迎えると、そこからビデオカメラが回りはじめた。ディレクターは説明する。「今日の朝七時三〇分に、東京から電車に乗って、今、ペーさんはあるところに隠れています」

堤に与えられたのは、その情報と林家ペーの写真とピンクの靴だけ。ただ、半日で電車に乗って行くことができる場所は、ある程度限られてくる。堤はテレビ局のスタジオ内で、東京から半径五〇〇キロの日本地図を広げ、ダウジングを始めた。

地図にプラスチック製の定規を当て、それを移動させながら、右手で振り子を持ち、反応を見る。イエスの反応があると、そこで定規を止め、直線を引くのだ。これを地図の四方八方から、二〇回ほど繰り返す。すると、そのうち十数本が、静岡地方で交わり、あとの五本は新潟で交わった。

堤は最初、より多くの線が交わった静岡地方にペーが隠れているのではないかと思った。しかし、これが大間違いであったことが後でわかる。堤は東京から電車に乗ったという情報から、スタジオに入ったときから直感で西の方角だというように思い込んでしまったという。それが微妙に、振り子を持つ指に影響した。

「つまり、ダウジングで得た情報は鵜呑みにしてはいけないのです」と堤は言う。さまざまな条件がダウザーの心に影響を与える。優秀なダウザーは思い込みなど誤った情報（ノイズ）と正しい情報をすべてより分け、振り子にすべてを任せるのだという。

堤は思い込みをしたまま、ディレクターに静岡県の地図を持ってきてもらった。堤は再び、定規と振り子を手に持ち、ダウジングを再開した。ところが今度は、直線が三本以上集まる交点が出てこない。でたらめな直線ばかりが地図上に増え続ける。最後には、振り子は楕円形を描いたり、直線運動をしたりを始めた。堤は経験から、振り子がそのような反応を示すのは「警告」の意味があるということを知っていた。

「しまった！　間違っていたぞ」

堤はようやく、自分の思い込みに気がついた。

●――越後湯沢のホテルで発見

堤はディレクターから新しい東京五〇〇キロ圏の地図をもう一度もらって、改めてマップ・ダウジングをした。すると今度は、二二本の線のうち一五本がある一点で交差していた。新潟県南部の越後湯沢である。「実は最初のダウジングでも、四本の直線はここに集まっていたのです」と堤は言う。「そう考えると、自分の未熟さが恥ずかしくなる」

堤はさらに詳しく調べるため、新潟の地図を受け取って再びダウジングをすると、やはり二〇本中一四本の線が越後湯沢で交差した。ペーの居所を確信した堤は「新潟県の越後湯沢ですね」と告げると、ディレクターは身を乗り出し、「じゃ、すぐに行ってみましょう」と言って、立ち上がった。

テレビ局のスタッフと越後湯沢に降り立った堤は、まず駅の改札口で、東西どちらにペーがいるのか、振り子を振った。答えは西だった。「西の方の温泉にいます」と堤は告げた。

それを聞いたスタッフは、その温泉街の観光地図を持ってきた。不正確な地図ではあったが、堤はその観光地図を四つに区切り、それぞれの区域で「この地域にペーさんはいますか？」とダウジングを繰り返した。すると、駅から一番離れた地域で反応があった。堤とスタッフはその地域まで歩いていき、現場で再びダウジングをした。その地域のホテルの前に立ち、「ここにペーさんはいますか」と、一軒一軒調べる。すると、温泉街のいちばん奥に三軒並んだホテルの前で反応があった。「あの三軒のなかにいると思います」と堤は言った。

実は同行したスタッフも、どのホテルにペーがいるのか知らされていなかったという。スタッフの一人が「で、このうちのどれですか？」と聞く。堤は慎重に何回か、三軒のホテルの前でダウジングを行なった結果、一番左側のホテルを示した。

「行ってみましょう」と、堤はスタッフを促して、そのホテルに入った。フロントでペーが泊まっているか尋ねたところ、「はい、お泊りです」という。その瞬間、スタッフの間からも思わず歓声が上がったという。

堤はなんと、東京から二〇〇キロ離れた場所に隠れていた人間を探し出すことに成功したわけだ。人間の潜在能力は、このような難題を解くことすら可能にしてしまう。堤は言う。「思い込みなどによって発生するノイズの処理さえ誤らなければ、かなりの確率でダウジングは成功するのです」

13 清田益章と魂の進化論

待ち受けていた落とし穴

政木和三が物理学至上主義を捨てるきっかけになった念力によるスプーン曲げは一九七〇年代前半、ユリ・ゲラーの来日とともに社会現象にまでなった。このブームの最中に登場した「驚異の超能力少年」の一人が、秋山眞人の親しい友人でもある清田《きよた》益章《ますあき》だ。

私は長い間、清田を直接取材したことがなかった。ただ、映画監督の長谷川和彦からは「あいつは本物の超能力者だ」とは聞いていた。長谷川の目の前で、楽々と念力でスプーンを曲げて見せたのだという。

私は二〇〇五年になって初めて、清田に出会った。そのときは、念力でスプーンを切断してしまった。

清田の超能力はかなり強烈だ。もちろん、清田クラスの超能力者は世界中に大勢いるのだろうが、表舞台にはあまり出てこない。清田はテレビにも積極的に出演、日米英の大学など多くの研究機関に呼ばれて超能力実験に参加したという意味で、ユリ・ゲラーらとともに、世界でも有数の「公然たる超能力者」であるといえる。

清田が超能力少年としてデビューしたのは一九七四年（昭和四九年）、小学六年生のときだった。自宅で、ユリ・ゲラーがスプーンを曲げたり折ったりしていた番組を家族と一緒に観て、驚いた。といっても、スプーンが曲がることに驚いたのではなく、「あれくらいのことをするだけでテレビに出られて、しかもそれを観ている人たちが驚いて大騒ぎをしていることに驚いた」のだ、と清田は言う。

小さいときから針金を念で曲げたり物を移動させたりしていたという清田にとっては、スプーンが曲がることはごく当たり前のことだった。スプーンが曲がるのは「不思議なことだよ」と言う父親に対し、「これくらいのことだったらボクにもできるよ」と清田は言うと、フォークを持ってきて曲げてみせた。

それからというもの、近所の人たちが集まってきて騒ぐようになった。やがて、新聞記者が取材に訪れ報道されると、テレビ番組でも取り上げられるようになり、一躍「スター」となった。超能力少年清田の誕生だ。清田の絶頂期は何年も続いた。

しかし清田には、落とし穴が待っていた。七〇年代には、あれほど清田を「超能力少年」

としてもてはやしたメディアが、あるテレビ局が「清田はインチキだった」という内容の番組を一九八五年（昭和六〇年）に全国放送したことをきっかけにして、露骨に清田バッシングを始めたのだ。その番組の中で清田は、確かに腕力を使いながらスプーンを曲げていた。しかし、腕力を使わずに念力で曲げたスプーンはいくつもあったのだ。

テレビ局の意図は明らかだった。清田がインチキであるほうが、見飽きたスプーン曲げよりも、センセーショナルになるからだ。

清田は失意のどん底に突き落とされた。

●——スプーンはイメージで曲がる

絶頂から奈落《ならく》の底へ——。マスコミによって時代の寵児《ちょうじ》となった清田益章は、そのマスコミによってペテン師の烙印《らくいん》を押された。おそらく、裏切られたと痛切に思ったのではないだろうか。長谷川和彦によると、インチキ扱いされた清田益章は一時、自殺を考えるほどに落ち込んでいたという。秋山眞人もそんな清田を見て「胸が痛んだ」と振り返る。

しかし、清田はたくましかった。彼の能力を知る多くの人からの励ましを受けながら、清田自身も立ち直って、講演活動やタレント活動を再び積極的に始めたのだ。もちろん、スプーンも曲げ続けた。そこには「エスパー」と名乗れる清田がいた。

清田がスプーンを曲げる方法は変わっている。清田によると、すべての物質は生き物であり、心がある。だから、スプーンを曲げるときも、生き物であるスプーンに語りかける。「お前、少しやわらかくなってくれないか。ここでお前が曲がってくれたら、俺の力の証明にもなるし、お前もずいぶん有名なスプーンになれるんだから、曲がる気があったら曲がってくれ」「スプーンちゃん、お願い、曲がって」などと言う。

スプーンを物としか思えないうちは、どんな風に曲がるのだろうなど余計なことを考えてしまうが、これが生き物だと思えば、曲がり方などはすべてスプーンに任せればいいという。つまり、清田はスプーンが勝手に曲がってくれるのを信じて待つだけなのだ。仮に曲がらなかったら、それはスプーンのせいにすれば、自分の力のせいにしなくてすむと清田は考える。逆に、自分とスプーンの間に心が通じ合えば、スプーンは必ず曲がってくれるという。

清田はほかにも、スプーン曲げの「極意」をいくつかもっている。一つは頭の中に白い玉を思い浮かべる方法。白い玉のイメージが

自宅で「おのり」を披露する清田益章

鮮明に見えてきたら、「この白い玉は自分の中の心の力の集まったものだ。この白い玉がすべてをやってくれるのだ」と自分に言い聞かす。

そして、その玉を頭の中からゆっくりと下ろしてゆき、のどの真ん中まで下ろしたところで一度止め、玉を二つに分裂させ、それぞれを両腕に流し込んでいく。さらに手の先まで少しずつ玉を下ろし、最後にはその玉がジワーッとスプーンを包み込み、中に入っていくというイメージを浮かべる。曲げたいという意識を白い玉に置き換えて、何度も繰り返すとスプーンはやがて曲がるという。

「曲がれ」と言葉に出しながら、既に曲がっている状態をリアルにイメージして曲げる方法もある。清田によると、「曲がれ」という言葉だけでは、どの方向にどのくらいの角度で曲がるかの情報が欠けている。その不足した情報を補うために、具体的に曲がったイメージを与えると、スムーズにスプーンが曲がるのだという。

具体的に曲がったスプーンをイメージするという方法は、過去完了形で欲を持たずに願

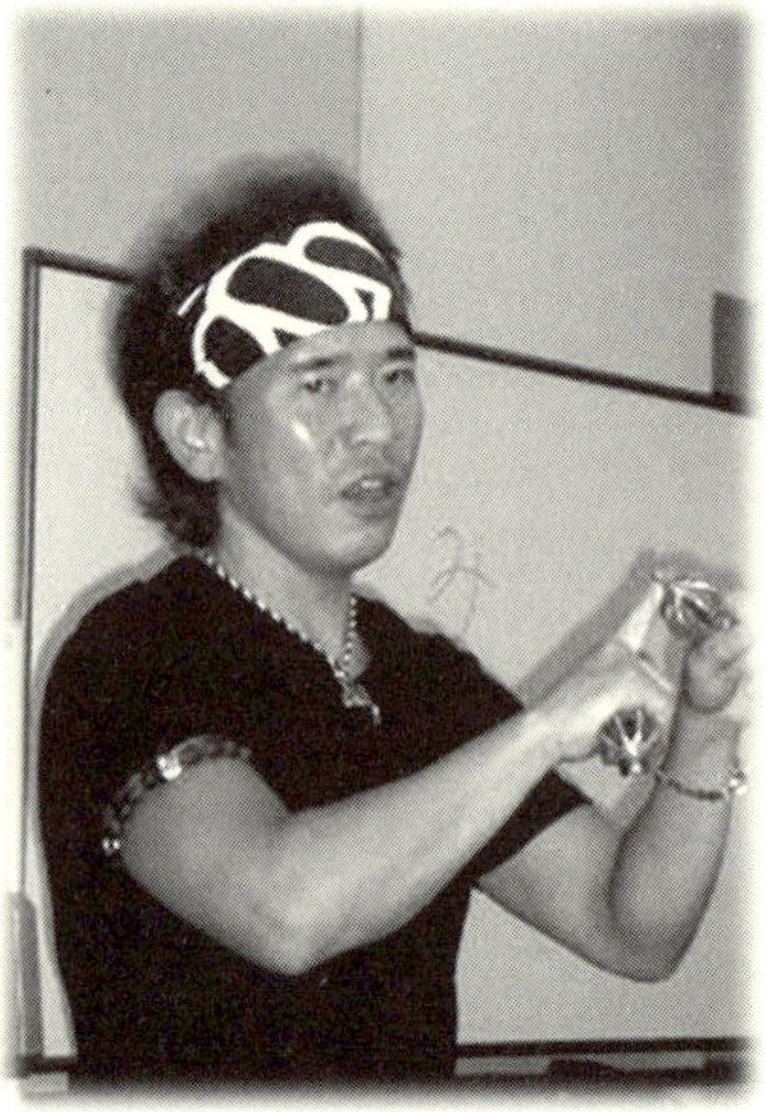

清田益章は講演会で、今でもスプーンを曲げてみせる

うとかなうという政木和三の主張に通じるものがある。おそらく、政木が言っているように、直接自分が曲げるのだと思うと力み（欲）が出るため、白い玉やスプーンといった「他者」に自分の願望を置き換えるという作業をする必要があるのだろう。やはりここにも、「自分がやる」という自我や欲求が消えたときに願望が成就《じょうじゅ》するという宇宙の法則が働いているように思えてならない。

考えられない構図

清田が得意とする超能力は、なにもスプーン曲げだけではない。念写も事実上、清田の独壇場である。

念写とは、写真乾板《かんばん》を露光することなく物や文字をその上に写し出す現象。日本の超能力研究の草分け的存在である福来友吉《ふくらいともきち》博士が、一九二九年（昭和四年）にロンドンで開かれた国際心霊主義者会議で発表し、名声を博したことでも知られる超能力現象だ。

清田の念写については、『超能力野郎——清田益章の本当本』の中で福田豊・日本写真家協会理事と清田の父親が詳しく書いている。それによると、念写を頻繁にやるようになったきっかけは、大脇一真がやったような白紙の紙とボールペンを放り投げて字を出現させるという超能力だった。

清田がまだ一二歳のとき。電気通信大学の実験で念写を初めてやった翌日、味をしめた清田は父親に「念写をするからポラロイドカメラを買って」と頼んだ。しかし、父親の返事は「もう少し待て」。そこで清田は父親の目の前で、ボールペンを持ってきてそれを封筒に封入、天井まで投げ上げた。落ちてきた封筒を見てみると、封筒の外側に「お父さん、ポラロイドカメラ、かえ」と書かれていた。

こうなってはカメラを買わないわけにはいかない、と父親は考え、清田にポラロイドカメラを与えた。清田は水を得た魚のように喜々として念写を始めた。清田が「アメリカ写れ」と言ってシャッターを押すと、自由の女神が写っている。しかもビルの上に立っており、それを上空から写した構図になっていた。

念写をするようになってから約一週間後、福田豊が仏文学者で詩人の平野威馬雄《ひらのいまお》夫妻と東京・北千住にある清田の実家を訪ねたときには、次のようなことが起きた。学校から帰ってきた清田は目ざとく、福田が持ってきた、自分のものと同じポラロイドカメラが卓上にあるのを見つけた。清田はそれを手にすると、数歩後ろに下がり間合いを取ると、平野夫妻に向けてシャッターを切った。撮り終えた清田は大きく深呼吸をした。

皆が固唾を飲んで見守るなか、三〇秒後に取り出したフィルムには、何と常磐線北松戸駅の風景が写っていた。それだけではない。そこには平野夫妻がベンチに並んで腰掛けて電車を待っている姿が「極めて明瞭に」写っていたのだ。ホームに落ちていた小さな紙くずまでも写っている。平野夫妻が北松戸駅にいたのは約二時間前であった。しかも、二時間前にこのような構図の平野夫妻を撮るためには、ベンチに平行して走る二本のレールのうち遠いほうのレールの上約三メートル付近に「カメラを空中浮揚でもさせないかぎり不可能」であった、と福田は書いている。

清田はこのとき、「父親の未来の姿」と言って念写してみせてもいる。そこにはツルツルに禿げた父親の姿が映っていたという。

赤い星に瞬間移動

清田益章はテレポーテーションもできるという。テレポーテーションとは、瞬間的に別の場所へ移動する現象だ。

小学生のときは、気がつくと数十メートルから数百メートル移動していることがあり、清田もかなり戸惑ったらしい。しかし、何度か繰り返されていくうちに清田もコツをつかみ、中学生になったころにはある程度、意識的に好きな場所へテレポートすることができるようになったという。

清田の父親の日記によると、清田がまだ一二歳だった一九七四年（昭和四九年）一一月一四日には、次のようなこともあった。

午後四時四五分ごろ、今まですぐそばにいた清田の姿が見えなくなった。二〇分後の午後五時五分ごろ、清田から自宅に電話があり「新宿駅に着いた。つのだ先生〔注：漫画家のつのだじろう〕の電話番号を教えてくれ」という。

後で清田に聞くと、テレポートをしようと自宅そばでウロウロしていたが、午後五時五分ごろテレポートに成功して、まず北千住の駅前に出た。それからすぐに新宿駅へとテレポート。そこで自宅に電話して、つのだプロの電話番号を聞き、つのだプロに電話した。そのとき夢中だったため一〇円玉を入れ忘れたが、自宅とつのだプロの両方に電話がつながったという。

それから、つのだプロまでの道順がよくわからなかったので、小刻みに短距離テレポートをする「チョンチョンテレポート」を使うことにより、足が勝手につのだプロの方向へ向かい、無事午後五時二〇分頃到着することができたのだという。

北千住の自宅からつのだプロまで、電車を使うと一時間半はかかる。ところが、清田は確実に家にいた午後四時四五分から、わずか三五分後には、つのだプロに着いていた。「確かにテレポートしたとしか言いようがない」と父親は書いている。

同年一一月二三日には、テレポートで火星に行ってきたと清田は言う。自宅隣の駐車場にいたときだ。「赤い星を見て、火星へ行きたいなと思ったら、見知らぬところに立っていた。火星の土は赤いと聞いたが、赤茶色だった。草みたいなものがポツンポツンと生えていた。火星では空気が無いはずだと思って気がつくと、顔の前にガラスが付いている宇宙服のようなものを着ていた。二、三分ぐらいだった。帰ろうかなと思ったらまた、駐車場に立っていた」

実は、清田は二年後の一九七六年（昭和五一年）七月にも火星に「念を送った」と主張している。ただし、この件に関して清田はあまり語りたがらない。

ドキュメンタリーを中心にテレビ番組の制作などを手がけている森達也《もりたつや》が超能力者の日常とその心情に迫った著作『職業欄はエスパー』（角川文庫）によると、アメリカの火星無人探査機バイキング1号が火星表面のクリュセ平原の北西七六〇キロの低地に着陸、火星表面の写真を地球に電送してきた。ところが、その電送してきた影像の中に、清田が火星を〝訪問〟したことを証明する〝動かぬ証拠〟が写っていたというのだ。

火星の地表で悪戯書き

火星に着陸したバイキング1号から送られてきた影像には、二つの変わった写真が含まれていた。一枚には、火星の地表で「石が動かされたような跡」が写っていた。もう一枚は、火星の岩に「2」「B」「G」と読むことができる文字が写っていた。

森達也は清田に聞いた。「火星に行ったことあるんだよね？」

清田は答えない。森が再度聞く。「行ったことがあるんだろう？」

清田はため息をついた後、ふてくされたような口調で答えた。「……あるよ」

森の「誘導尋問」に、清田はしぶしぶと「真相」を明らかにしていく。火星にテレポートした清田は、バイキングの地表探査機のカメラの前で手を振ったり、地表の石がどれくらい重いのか知りたくて引きずったり、石を蹴飛ばしたりしたという。

森は、「2」「B」とも判読できる文字について「あれは誰の仕業なの？」と聞いた。

「……聞いてるだろ？　俺だよ。砂に指で書いたんだよ」と清田。

「意味は？」

「単純だよ。中2だったんだよ。二年のボーイで2Bだよ。KIYOTAって書けば良かったよな。でもさすがにそれは躊躇《とまど》ったんだよな」

では「G」とも読める文字はなんだったのか。清田は森に言う。「……2Bの後に、日本の頭文字も書こうとしたような気もするんだよな」「それをGって書いちまったという気もするんだけど、でも俺、当時英語はけっこう得意だったから、いくらなんでもそんな間違いしねえだろうとも思うんだよな」

森が聞く。「だって自分の体験だろ？」

清田は言う。「最初から最後まで意識がはっきりしていたわけじゃないよ。おまけに二〇年前だからな。夢という可能性もあると自分では思っているよ。ただ、2Bを砂に書いたことははっきり覚えてるぜ。そして探査機が撮った火星の表面に同じ文字があったということは事実なんだろうな。偶然かもしれないよな。僕にはそれ以上はわからないよ」

あくまでも主観的な体験であって、客観的事実ではないかもしれないと清田は弁明する。確かに矛盾はある。文字らしきものが写ったバイキングの写真を見ると、「2」や「B」が書かれているのは、岩の表面であって、清田が主張するような砂の上ではない。もっとも、スプーンを飴のように曲げる清田にとっては、岩も砂も同じようなものであったのかもしれない。岩のようにみえる物体も、実は砂のように軟らかかった可能性もある。

空気がないといわれる火星で、どのように息をしていたのかも気になるところだ。清田は当時、ある雑誌の取材に対して「火星では、僕の周囲に透明なプラスチックのドームがあって守ってくれたんだよ」と述べている。つまり「宇宙服」のようなものを着ていたというのだ。何かフォースフィールドのようなものが形成されていたのだろうか。

黒い影から突如現われる

この火星に行ったという清田の「主観的な体験」には、おそらく三つの解釈ができるであろう。一つ目は、ただの夢であったという解釈だ。清田が弁明したように「2」や「B」と判読できる文字は、自然のいたずらか、ただの偶然の一致であったかもしれない。二つ目の解釈は、清田は実際にテレポートして火星に行き、探査機の前で様々な悪戯《いたずら》をしたというものだ。肉体で火星に着いた清田の周りにはフォースフィールドが形成され、温度などから守られていたうえ、普通に呼吸することもできたことになる。

最後の可能性として、肉体ではなくエネルギー体のような体で行ったことも考えられる。西丸震哉の「魂の帰宅実験」を思い出してほしい。西丸は肉体をインドに置いたまま、日本の自宅に戻り、ドアをノックしたり、洗濯機に足をぶつけたりしたことは既に述べた。つまり肉体がなくとも「魂」だけで、行った先の物体に影響を与えることができるわけだ。西丸には痛みなどの感覚もあったし、まるで肉体のままテレポートしたのと同じような体験が可能であった。清田も「最初から最後まで意識がはっきりしていたわけじゃない」と述べていることからも、幽体や「魂」で火星に飛んで、そこで「砂」に文字を書いたり、石を動かしたりしたのかもしれない。

清田の父親の日記を読むと、一九七六年七月二四日に次のように書いてある。

（略）……火星バイキング1号の予想を二年前にしていた。益章がバイキング1号に向かって念を入れるたびに手ごたえがあり、

「明日のニュースを見てくれ」

と言っていた。

日本経済新聞などに「火星の岩に〝文字〟!?」という活字が躍ったのは、七月二六日の朝刊、つまり二五日のニュースであった。

清田はほかに、どのようなテレポーテーションを体験したのだろうか。

一九七五年（昭和五〇年）七月二〇日には、清田は海洋博に行きたくて、テレポートで沖縄にも行ったという。ただ、行った場所は海洋博会場ではなく、町外れか村のようなところで、屋根には「ライオンが二頭乗っかっていて目玉が大きいんだ」と父親に説明している。ところが、清田は帰ろうと思ったけれど、テレポートができない。助けを求めて歩き回ったが、お巡りさんも見つからない。三〇分ぐらいして、もう一度テレポートを試したら、自分の部屋に戻っていたという。

清田がテレポートして出てくるところを目撃した人も多い。友人や家族ら目撃者によると、フーッという黒い影からいきなりパッと体になるのだそうだ。もちろん、それを目撃した通行人は呆然とした顔をして、平然として歩き去る清田のことをずっと見つめているのだという。

「無」の世界を体験

テレポーテーションなど月に二、三回はやっており、不思議でもなんでもなかったと豪語する清田益章をして、一番すごい体験だったと言わしめたのが、「無」の世界に入った体験だったという。

中学一年生のとき、清田はそのときまでに、かなり自由にテレポーテーションを使いこなせるようになっていた。ある日、清田は「今日は、無の世界に行ってみよう」と思い立った。「いろんな宗教のおじさん」が「無の境地になれ、無になればすべてがわかる」などと言っているのを聞いて、清田は無の世界に強い憧れを持っていたのだ。どんな世界なのだろう——。少年・清田は父親に「お父さん、僕これから無の世界に行ってくるからね」と告げ、部屋に籠もって集中した。

そう簡単ではなかったが、長い間集中しているうちにある瞬間に「いきなりパッて入っちゃったんだ」と清田は言う。「このときのことはとても言葉では言い表わすことができない………言葉になんて絶対にできない世界なんだよ。テレポートする時の何百倍もスゴイものがあった」

どのようにすごかったのか。清田によると、時間的な感覚がすごくズレていた、しかも、時間は一定ではなかったという。たとえばね、「意識はあるんだけど、時間が狂っている。

瞬きするんでも、瞬きの一回が〝グッ――――――ッ・・・チョ～～～ッ～パ―――ッジョ～～ッチッ～～ッ……ッ〟って感じだったり、かと思うと〝パチ〟であったり、もう時間の感覚がグニョグニョなわけ」

その無の世界の中でたっぷり四時間はいたと清田は思ったが、帰ってきて時計を見たら一分ぐらいしか経っていなかった。どこかで聞いた話だ。そう、秋山眞人が他の惑星で三日間ぐらい滞在したと思って、地球に帰ってきたら約三時間しか経過していなかったと話しているケースだ。やはり時間は、秋山が言うようにエネルギーのようなものなのだろうか。

清田は無の世界のことを次のように語る。

透明でもなければ、色もない。しいて言うならば、「バニラのアイスクリームのような感じ」だという。しかし、何も見えない。暑いのか寒いのか温度の感覚もない。自分の体は存在するという感じなのだが、肉体は消えている。とりあえず自我は持っていられたものの、意識はランダムでバランスがとれない。

「たとえば」と清田は言う。何かを食べたいと思ったとすると、そのとき、食べたいという感覚と、実際に食べているという感覚と、食べ終わったという感覚が全部同時に重なって存在する。「思考が全部並列に同時に出てくる」

奇妙な感覚は部屋に戻ってきてからも続いた。「今までの楽しかったことや悲しかったことや、愛や憎悪や、もう自分の持っている全部の感情が一瞬一瞬のうちに全部同じように並んで出てきたんだよ。まわりが『無』になることによって、自分の『有』の部分が全部浮き彫りになった感じ」であったという。

この体験が清田に与えた影響には計り知れないものがあった。人間であるかぎりは完全な「無」にはなれない、ならば人間として生きている間は「無」ではなく、自分という「有」を追究しようと決めたのだ、と清田は語る。「無に近い世界に行ったことで、どうしようもなく自分というものが強力によりクローズアップされたんだよね。あの体験が俺のパーソナリティを決定したね」「あれ以後できるようになった超能力もいろいろあるんだ。とにかくスゴイ体験だった。あれに比べたらテレポートなんてハナクソみたいなもんだよ。スプーン曲げなんてハナクソ以下だよ」

宇宙エネルギー「ゼネフ」登場

〝宇宙人〟というのは時々、しゃれたことをするなと思う。画家の岡美行が宇宙人とコンタクトをとったときに、宇宙人は最初、電話という象徴的媒介を使ってコミュニケーションをとろうとしたらしいことは既に述べた。実は、清田益章の前に現われた「宇宙エネルギー」と称する〝宇宙人〟も電話という古風な道具を使っている。おそらく一九七〇年代当時は、いきなり地球人の頭の中にテレパシーを送るよりも、電話を使ったほうがショックは少ないだろうという配慮があったのだろうか。

清田が最初に宇宙エネルギー体である「ゼネフ」と会ったのは、やはり中学一年のときだった。最初は電話がかかってきたと、清田は言う。しかし、電話のベルが鳴っているわけではなく、なんとなく無性に受話器を取りたくなるのだという。自然に意識が電話のほうへ向かう。受話器を取ると、「プー」という音が聞こえるだけ。ところが、その音の奥の方に、「いわゆる混線の音ではない、なんていうかウニョニョョョ〜ンって感じの、何かをコミュニケーションしようとしているような声が聞こえていた」という。清田はそれを「地球の言葉ではない感覚」であったと表現する。

そこで清田は一生懸命になって「ハイ、ハイ、なんですか!」とか「あなた誰ですか⁉」などと大声で受話器から聞こえる「声」に向かって叫ぶが、清田が理解できるような返答は返ってこない。そういうことが一週間ぐらい毎晩のように続いた。

家の人はそれを見て、清田は超能力をやりすぎて頭がおかしくなったのではないかと心配する。清田自身も「これはヤバイな」と思ったという。それはそうであろう。鳴ってもいない電話に向かって、独り言のように大声で話しだしたのだから。それでも清田には、何者かが清田とコミュニケーションをとりたがっているように思えて仕方がなかった。

最初の「電話事件」から一週間後、清田が自宅で姉と話をしていると、部屋の外の曇りガラスのところを黒い影がスーッと通っていくのが見えた。曇りガラスの向こうはトイレに向かう廊下であったため、誰かトイレに行ったのかなと思ったが、どうもそのような気配はない。清田は「なんだろう」と思って、廊下に出て探したが、誰もいない。ところが五分ほど探して、ふと電話の置いてある台をパッと見たら、そこには尖《とが》った耳をした顔がシルエットのようにボーッと浮かんでいた。ジーッと見ていると、顔の表情とかも見えてきた、と清田は言う。その日はそれで終わった。

それから二、三日して、清田が自室にいたとき、窓の外がカタカタいうので窓を開けたところ、薄ぼんやりとではあったが、あの耳の尖った顔が再び浮かんでいた。「肉体を見ているというよりも、ホログラフィで見ている」という感じであったと清田は言う。「霊はその前にも見てたから、霊とは違うなって思ったわけよ。明るいところで見えてるわけだしね」

そこで清田は、そのホログラフィの画像に向かって聞いた。

「あなたは何ですか?」

● 宇宙から来た家庭教師

清田の質問に対して、そのホログラフィの画像は答えた。

「私は神ではない。霊でもないし、宇宙人でもない。人間でもない」

「じゃあ、何なんですか？」と清田は聞いた。

「宇宙のエネルギーだと思いなさい」

宇宙のエネルギー？　清田には何のことかわからなかったが、一応納得して「何で日本語がしゃべれるんですか？」と聞いた。

「私は日本語を話しているわけではない。ただ、この一週間という時間で日本語の表現の仕方を把握していた」と、その宇宙エネルギーは言う。

その宇宙エネルギーによると、地球人が感じる一秒とそのエネルギー体が感じる一秒とは異なり、長く感じることも短く感じることもできる。清田には日本語で話しているように聞こえる言葉も、実は言葉を話しているのではない。エネルギー体は、耳の尖った顔をしているわけでも、名前があるわけでもない。だけれども、地球人は対象物がないとコミュニケーションがとりにくいだろうと考え、あえて耳の長い顔をした宇宙人のような姿をしてみせたのだという。

「名前がないとコミュニケーションがとりにくいなら、私をゼネフと呼びなさい」

ゼネフはそれ以来、清田にいろいろなことを教えた。ただし、秋山眞人に対して接した宇宙人と同様、それは清田の自由選択で行なわれた。「付き合いたくなければ、付き合う必要はない」というのが、清田とゼネフの関係であった。

ゼネフにとって清田がどういう存在だったかはわからないが、清田にとってゼネフはかなり役に立つ存在だったようだ。中学の中間テストの時期になって、清田がドリルを一生懸命にやっているとき、方程式の解き方が途中でわからなくなってしまった。すると、ゼネフがやって来て、全部答えを教えてくれる。ところが、方程式を解く過程は教えてくれず、答えしか教えてくれない。清田が「どうして過程を教えてくれないんだ？」と聞くと、ゼネフは「どうして過程が必要なんだ？」と、逆に聞き返してくる。

ゼネフによると、地球人はデジタル的な考え方ばかりしているという。たとえば、今一〇時四五分として、デジタル式の時計では、六〇から四五を引いて一一時まであと一五分あるというように計算をしなければならないが、アナログ式の時計では、見た瞬間に一一時まであとどのくらいあるか理解できるではないかという。ゼネフにとっては、それと同じような感覚で、式を見れば答えが瞬時にわかる。カギカッコを解いて答えを出すというやり方は、本来必要のないことだ、ということのようだ。

しかし清田にとっては、それではテストで正解にならない。そのことを告げると、ゼネフは「わかっている。これは人間の進化の一段階であるから、お前はそうガタガタ言うな」と言う。それでも清田が「でも～」と駄々をこねると、ゼネフは方程式を解く過程も教えてくれたという。

清田はこのようにしてテストでいい点を取ったのだろうか。清田は笑いながら言う。

「でも俺、テストの時にはゼネフさんを呼ばなかったよ。フェアーじゃないなって気持ちがあったから呼べなかったんだ。カンニングになっちゃうからね」

ゼネフが語った宇宙の神秘

ゼネフが清田益章に語った宇宙の仕組みも非常に興味深い。

清田はあるとき、ゼネフの本当の姿はどうなっているのか聞いたことがある。これに対して「地球人にはまだそれを理解する感覚がないから、すごく難しい質問だ」という答えが返ってきた。それでもゼネフは、できるだけわかりやすく、少しずつ清田に宇宙について語った。

それによると、どうもゼネフがかつて住んでいた惑星は、今でも地球の南半球に行けば見える星であったようだ。その惑星は何千万年も前に、今の地球と似た環境にあった。「水もあり、人間のように存在している生命体があり、文明を持ち、科学的なものもあり、地球と同じようにそれらも進化していった」という。

ゼネフは、生命体の進化の過程において輪廻転生があるのだと言う。ただし、人間が死んだら一人の意識体が一人のままで輪廻を繰り返し、生まれ変わるのではないともゼネフは言う。別々に死を迎えた二つ以上の意識体が、一つの肉体に宿って生まれ変わる。そして、その肉体が滅びると、気の合った別の意識体とまた一つの集合体となって生まれ変わる。

ゼネフは「この世は肉体的なレベルを修行させる場で、あの世というのは、精神的なレベルを修行させていく場」であるのだという。やがて肉体的レベルと精神的レベルが進化することにより、段々と意識体が統合されていって、人間の個体としての人口は減少、最後にはまったく一つの意識の集合体になる。その進化の頂点に達した星の意識体がゼネフなのだという。

ゼネフの説明は続いた。より大きな意識の集合体になろうとするのは、生命体の持つ本能のようなものであるという。一人一人が結婚して家族をつくり、その家族が集まって村をつくり、町をつくる。そして国という意識をつくり、世界という意識をつくる。だが、地球人はまだ、せいぜい国という意識のレベルで、地球という意識のレベルまで進化していない。

地球人がさらに進化を遂げれば、やがて地球を一つの惑星としての意識で捉えられるようになる。そのとき、地球人としてある程度の進化は完了する。さらに、惑星レベルとなった意識体は宇宙の意識へと進化を続ける。

ゼネフによると、今は地球の一部でしか人口が減少していないが、やがてはもっと自然に人口減少が起きるだろうという。たとえば、女性も一生に一度しか卵子を作らなくなる時代が来る。その一方で、人間自体の寿命は信じられないほど長くなる。すると、この世にいても、肉体的レベルだけでなく、精神的レベルの修行も可能になる。超能力も日常茶飯事となり、他の惑星の住民との交信も自由にできるようになる。そして、やがては肉体すら必要でなくなる。

ただし、そこまでの道のりはまだ遠いようだ。ゼネフはこう言ったという。

「星の意識体が出来上がるまでには、地球ではあと何万年もかかる」

魂の進化論1「魂の合体」

ここで、ゼネフが語った輪廻転生の仕組みを考慮しながら、それぞれの意識体（魂）がどのように進化を遂げるのかについて考えたい。つまり、ゼネフが語る「魂の進化論」を読み解いてみようと思う。

その前に、一つ問題がある。この意識だけの実体を何と呼べばいいか、議論が分かれるからだ。肉体を脱ぎ去った後に残る実体を何と呼べばいいのだろうか。エマニュエル・スウェデンボルグは「精霊」や「霊」などと呼び、ゼネフは肉体を持たない自分のことを「宇宙エネルギー体」と呼んでいる。またあるときは、意識だけの実体を、霊体、幽体、アストラル体、ゴーザル体、プルシャ体であるとか、仏教ではマナ識、アラヤ識、アンマラ識などとも呼ぶ。

明確な答えがあるわけではないが、それぞれの意識のレベル、あるいは実体の有り様に応じて、名称は異なるといえるだろう。核となる魂を取り巻くように幾層にもエゴ（自我）や次元の層ができていて、どの層までを指しているかによって呼び方が違うようだ。エネルギー体という言葉を使うとオーラまで実体であると定義することにもなる。とりあえずここでは、話を進める便宜上、死後肉体から離れた実体を「意識体」、あるいは「魂」と一般化して呼ぶことにする。

ゼネフによると、個々の人間の意識体は合体を繰り返し、やがて一つの惑星の意識体へと進化するという。人間は死後、肉体を持たない意識体となり、その意識体は別の気の合う意識体、あるいは必要な意識体と合体し、再び肉体を持って転生する。従って、意識体は次第に合体され、より大きな集合体へと進化を遂げる。これがゼネフの言う輪廻転生の大きな流れだ。

意識体が合体するという考え方は、スウェデンボルグにも見ることができる。スウェデンボルグは霊界で、男女の霊が結婚するのを目撃したと主張している。霊界での結婚などというと人間の結婚と変わらないのかと思われるかもしれないが、実はかなり異なると、スウェデンボルグは言う。彼によると、霊界の結婚は霊的親近感や親和感の絶対的な極致がないと成立しない。つまり人間界での結婚のように、打算の結婚や政略的な結婚というものが存在しないのだという。

霊的親和感の極致によって結婚した二人の男女の霊の頭上には、ダイヤモンドや金の輝きを放つ気体が表象として現われる。そのように祝福された結婚で、女の霊と男の霊が合体して一つの人格（霊格）が出来上がる。この霊格は合体する前の個々の霊格に比べて、はるかにすぐれた霊格となる。

そして最も重要なのは、結婚した男女の霊は、結婚と同時に二つの霊ではなく、一つの霊としてみなされるということだ。つまり、霊的な心の合体だけでなく、お互いの霊体もすべて互いに相手の中に入り、完全な一つの霊になるのだという。ただし、一つの霊になった後、どちらの性別になるのか、なぜかスウェデンボルグは言及していない。霊界では霊格だけが重要で、性別などあまり関係ないのであろうか。

魂の進化論2「複数の人格」

ゼネフによると、個々の意識体（魂）は合体し、より大きな意識体へと変容していくのだという。一方、スウェデンボルグによると、霊界では二つの霊格が一つに合体することがあるという。もし輪廻転生が事実ならば、一つに合体した魂が再び肉体に宿って体験・学習し、その人間が死ねば霊界に戻り、また別の魂と合体するという進化のプロセスを永延に続けていくという可能性も浮上してくる。

その答えを導くヒントとなるのが、多重人格者だ。一つの肉体をもった人間の中に複数の意識（人格）があるのではないかとの指摘は、昔からあった。それが近年、多重人格障害という精神分析学の研究対象として広く知られるようになった。

多重人格障害は学問的には、一人の人間の中に複数の人格が存在する精神的失調とされている。一つの人格が表に出ているときは、他の人格はその間に起こった出来事を知らないことが多い。それぞれの人格は明らかに知能が異なり、独立した記憶、行動、好みを持っている。ロールシャッハテストなど各種性格検査でも明らかに異なった人格であると判定ができる。痛みの感じ方、アレルギー反応、脳波のパターンなども異なるという。

それぞれの人格は、自分の名前や異なる生育歴をもち、性別、国籍、年齢も異なる。訛《なま》りなどの言語的特長や言語、筆跡も異なり、同じ肉体にありながら容貌や体格も違う。

多重人格障害がどうして起きるかについては、よくわかっていない。一般的には幼児期に受けた暴力や性的な虐待が原因とされている。深く傷ついた幼児が、そうした自分を取り巻く過酷な現実に耐えることができなくなり、メインの人格がどんどん奥に引っ込んでしまう。そして、その人格を保護するために、身代わりの人格を作り出す一種の防衛メカニズムではないかというのだ。

確かに、本来は統合されているべき人格が別々になってしまうということの背景には、幼児期に受けた深い傷があるのかもしれない。しかし本当に、身代わりとして別の人格を作り出してしまうという解釈でいいのだろうか。もしかしたら、元々私たちの中には複数の人格が実際に存在し、それをメインの人格が統合しているのかもしれない。

そう思わずにいられなくなるケースが、ビリー・ミリガン事件である。一九七七年、アメリカのオハイオ州で、連続強姦・強盗容疑でビリー・ミリガンという二二歳の青年が捕まった。ところが、彼には犯行の記憶がまったくない。調べていくうちに、彼の中にはほかに二三人の別の人格があり、犯行はその別人格の仕業であることがわかったのだ。

魂の進化論3「別々の過去生」

ビリー・ミリガン事件の驚愕すべき点は、ミリガンに現われた別の人格が、本人が学んだこともないはずの言語を話し、習ったこともないはずの知識を持っていたからだ。

たとえば、アーサーというイギリス人の人格は、合理的で感情の起伏がなく、イギリスアクセントで話す。独学で物理学や化学を学び、流暢なアラビア語を読み書きする。レイゲンというユーゴスラビア人の人格は、セルボ・クロアチア語を話すとともに、読み書きもできる。空手の達人で、アドレナリンの流れを自在に操れるため、途方もない力を発揮することがある。アレンは口先がうまく、他人を巧みに言いくるめる。トミーは電気の専門家で縄抜けの名人でもある。女性もいる。アダラナは内気なレズビアンで、詩を書き、料理をつくる——こうした人格がミリガン以外に二三もあるのだ。

これはどう考えても、ミリガンが嘘をついたり演技したりしているのではなく、ミリガンという個体の中に、ミリガンとは異なる〝経験や知識〟を有する別の人格なり意識があるとしか考えられない。

当然のことながら、ミリガンの多重人格障害に関しては、各方面から分析がなされた。しかし、その理由を理解するための決定的な説明はない。それでも、有力な説明のいくつかを紹介すると、次のようなものがある。

まず多重人格障害に否定的な見方として、ミリガンがウソをついているのではないとしたら、治療者が催眠術や暗示をかけ、創作させたというものがある。確かに催眠術にはそれだけの強烈な暗示をかける力はある。しかし、一人分ぐらいの人格はともかく二三人分の人格を催眠術だけで作り出すのは事実上不可能だ。外国語一つを教えるにしても数年はかかるとみられる。それこそ、生まれたときから催眠術をかけ続けないかぎり、ミリガンのようなケースは作り出せないだろう。

次に人間の本質は元々、多重人格であるとの考え方もある。人間は、男性であっても女性的な面があり、女性であっても男性的な面がある。これと同様に、自分とは正反対の性格を人間は持っているのではないかという説だ。ただ、この説では生育歴が異なったり、自分が習っていない技能を知っていたり、知らないはずの言語を話したりすることの説明がつかない。

遺伝子によって受け継がれた先祖の記憶が想起されるからではないかとの説もある。動物は教えられなくても、生きるための「生活の知恵」を持っている。これと同じように、人間も親や祖父母といった先祖の記憶や経験が遺伝し、何かのきっかけでそれが発現したという考えだ。確かに遺伝が、身体的特徴だけでなく、気質や性格を継承することはよく知られている。だが、先祖の記憶や経験が遺伝することなどあるだろうか。少なくとも、ミリガンの場合は、二三人の名前を持った人格の中で、祖先の誰かに該当した例は報告されていない。

このほかの有力な説として、過去生の記憶が想起されたのではないかとの考えや、憑依説というのもある。実はこれが真実に一番近いように私には思われる。過去生の記憶であれば、知らないはずの言語を話せたり、習ったはずもない技能をもっていたりする説明がつく。同様に憑依説でもミリガンの多重人格を説明することができるわけだ。

ただし、私はさらにこの考えを「魂の進化」という過程の中で捉えている。つまり、魂がより大きな宇宙的な意識体へと進化していくのが宇宙の法則であるとしたなら、スウェデンボルグの言うように、魂の結婚ともいえる複数の意識体の合体・統合という現象が起きるはずである。ミリガンだけでなく、私たちはいくつもの意識体（魂）の複合体であるとも考えられるわけだ。

一つの肉体を複数の意識体が共有することにより、それぞれの意識体が進化において必要と思われる経験をする学習メカニズムないしはプログラムが働いているのではないか。それが、虐待など何かのきっかけで複数の意識体を統合するメインの意識体が後退し、統合されているはずの意識体がばらばらになってしまった。大胆な仮説だが、ビリー・ミリガン事件から導かれる結論の一つがここにあるような気がする。

しかしまだ、憑依なのか、過去生の記憶なのかという問題が残っている。

●――魂の進化論4「正統霊と浮遊霊」

ビリー・ミリガンの中にある二四の異なる人格の正体が憑依によるものなのか過去生の記憶なのかは、非常に難しい問題だ。どちらの説でも、知るはずもない言語を話したり、習ってもいない技能を持っていたりすることを説明できてしまう。

この問題を解くためには、政木和三が振り子を使ったフーチパターンで導き出した仮説が役に立つかもしれない。政木が振り子で人間を測ったところによると、人間というものは通常、第一生命体（幽体）と第二生命体（霊体）の二つからなっている。第一生命体は母体内で宿る。その後、九歳から一一歳ごろまでは第一生命体だけだが、小学校の終わりごろから中学校時代にかけて第二生命体が宿るという。

第一生命体は、肉体の細胞すべてをコントロールする（肉体の調和を保つ）生命体で、生きていくために不可欠である。第二生命体は人間性を作る（精神の調和を保つ）生命体で、修行や努力によって自由に入れ替えることができると、政木は言う。第一生命体は半径の小さな円や長円で、第二生命体はより大きな半径の円や長円で描かれ、いずれも同じ中心を持つ。

ごく稀に、成人であっても第一生命体しか持っていない人もいるらしいが、政木によると、そういう人は赤ん坊のように純真か、特異な人だという。逆に第三生命体や第四生命体など多数の生命体を持つ人もいる。政木がプロレスラーのアントニオ猪木を測定したところ、意外にも、まん丸の女性型の優しい生命体を少なくとも二つ持っていた。しかし、リングに上がったときに測定してみると、長円の男性型の大きな生命体が現われたという。

政木ははっきりとは書いていないが、同心円上に浮かぶ円もしくは長円は自分の生命体であるが、同心円上ではないところに浮かぶ図形は、その人に取り憑いた浮遊している生命体（浮遊霊のようなもの）であると解釈しているようだ。ある人のパターンでは、第一生命体と第二生命体の間に無数の複雑な図形が浮かんできた。その図形はすべて第二生命体の内側にあるため、その人の人間性は安定しているが、これが第二生命体の外側にまで及ぶようだと、それこそ「狐憑き」のように人格が乗っ取られる。さらに、こうした浮遊霊は別の人間に移るため、パターンがめまぐるしく変わると、政木は考えているようだ。

政木は、精神病患者に対しても測定した。すると、同じ振幅、同じエネルギーを持った生命体が五個から一〇個も存在し、それがいろいろな方向に気ままに並んでいたという。ただし浮遊霊のパターンと異なり、いずれの図形も同じ中心を持っていた。つまり、安定した五〜一〇個の同心円のようなパターンを描く。おそらくこれが、「正統な憑依霊」とも言えるもので、ビリー・ミリガンを振り子で測った場合に描かれるフーチパターンになるのではないだろうか。

もちろん、政木がミリガンを振り子で測ったわけではないので、確証があるわけではない。ただ、浮遊霊による憑依現象であればフーチパターンで現われる図形は同心円上にはないため不安定で一時的で移ろいやすく、精神病患者であれば同心円上に長期間同じパターンが現われるのではないかとみられる。このことから、長期間にわたり多数の人格をもっていた精神病患者のミリガンの場合は、浮遊霊による憑依ではなく、前世の記憶をそれぞれ持った二四の生命体が〝正統に〟宿ったのではないかと、類推できるわけだ。

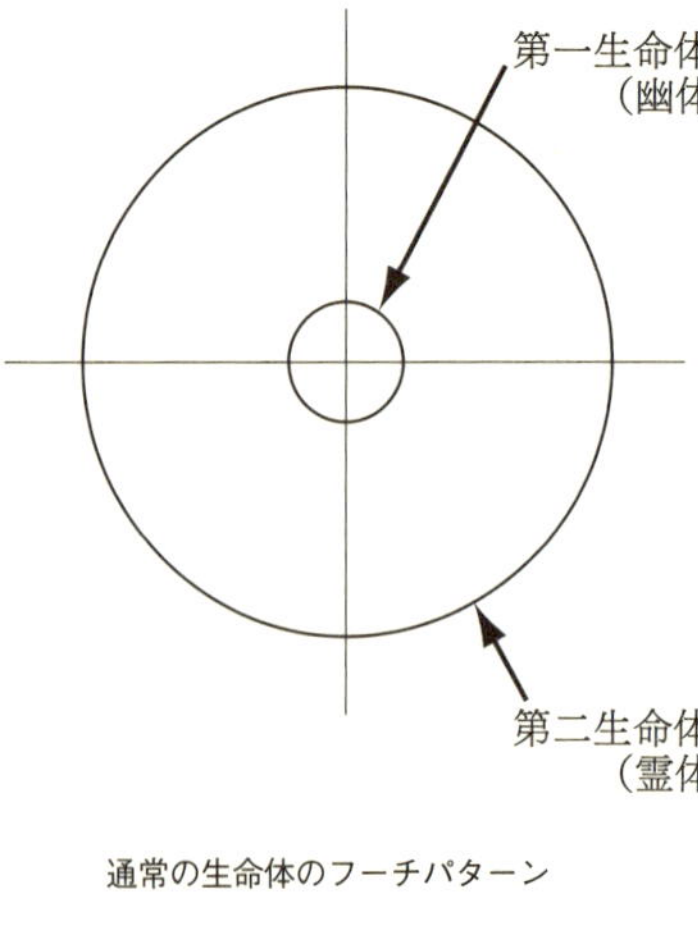

通常の生命体のフーチパターン

魂の進化論5「分裂と合体」

フーチパターンから類推されるように、別々の前世の記憶を持った複数の生命体がビリー・ミリガンに宿っていたのだとすると、やはりエマニュエル・スウェデンボルグが言っているような霊同士の「結婚」が、魂の間で頻繁に行なわれているのではないか、と思われてくる。

では、結婚・合体したそれぞれの魂はどうなるのか。ミリガンのケースを見ると、ミリガンに内在する魂たちは本来、メインの魂によって統合されていることがわかる。それぞれの魂は独自の前世の記憶を持ち続けながら、一つの個体に宿っていることになる。そして個々の体験や記憶は、合体した魂の体験や記憶として共有できるようだ。

ミリガンのケースのように比較的同時代の魂が二〇以上も同じ肉体に宿ることがよくあることなのかどうかはわからない。そもそもスウェデンボルグによると、霊界での結婚・合体は神聖で、同質のもの同士が「親和感の絶対的な

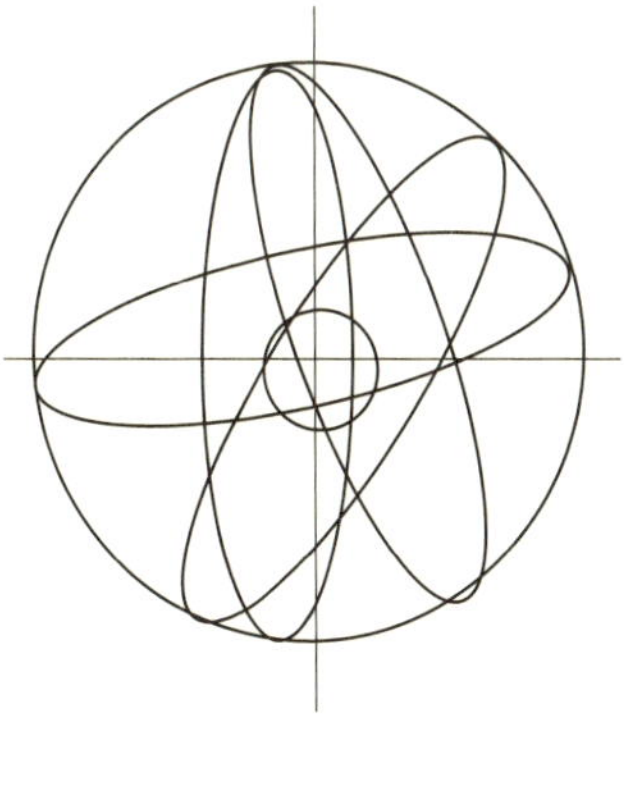

憑依によるフーチパターン

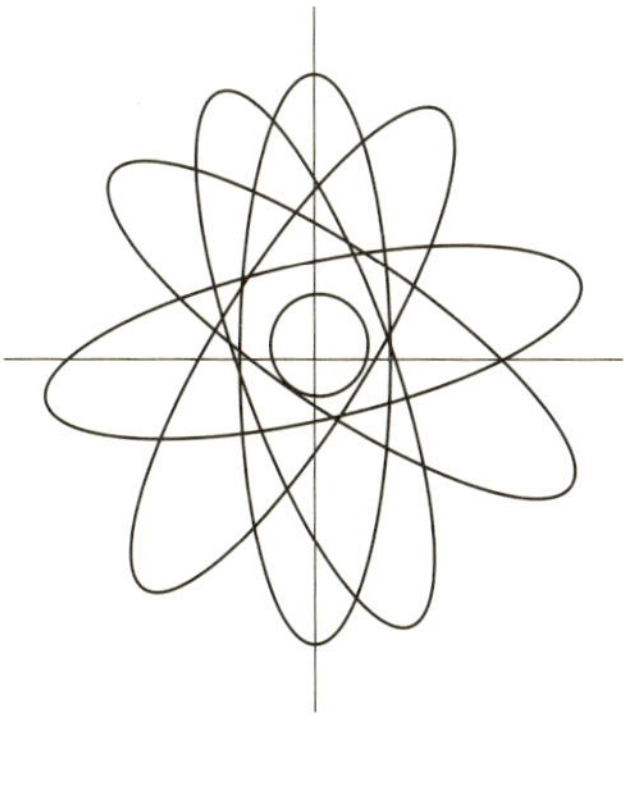

ビリー・ミリガンのような多重人格者のフーチパターン

極地」の結果、結ばれるはずだ。それなのに、ミリガンに内在する魂たちは、どう考えても同質な魂同士が「親和感の絶対的な極地」の結果合体したとは思えない。

ミリガンのケースが例外なのだろうか。スウェデンボルグは霊界で、霊界中の中心霊(注：指導的な霊)が集まって、巨人になるのを見たことがあるという。それを考えると、霊界では、結婚以外にも割合自由に仲間になって一つの霊格を形成することができるとも思える。あるいは、政木が言うように、生まれてきた肉体に、魂があとから〝憑依〟することもあるのかもしれない。同質結集の法則により、霊や魂は引き寄せられるように結集するとも考えられる。その際、一時的な浮遊霊による憑依と恒久的な正統な憑依が存在するのかもしれない。

魂が比較的簡単に合体や結集できるのであれば、おそらく分裂することもまた可能なのであろう。私には、個々の魂が合体と分裂を繰り返しながら肉体に宿り、自分に適した経験を積み重ねて進化していくように思えてならない。そう考えるようになったのは、北川恵子の次のような話を聞いたからだ。

北川によると、ある宇宙生命体とテレパシー交信していたところ、その生命体は北川のある前世において北川と同じ肉体の中にいたことがあると語ったのだという。今は別々の魂が、かつて同じ肉体の中に一緒にいたとはどういうことか。

そもそも複数の魂が一つの肉体を共有するなどという考えは、私には思いも寄らなかったので、私は当時、その意味がわからなかった。しかし、ビリー・ミリガンのケースやゼネフの魂の進化論を調べるうちに、今ある魂も複数の魂が合体したものであるような気がしてきた。

おそらく、いくつもの魂が一つの肉体を共有するのではないか。そうでなければ、ビリー・ミリガンのような多重人格者が存在することをうまく説明できない。政木のフーチパターンに複数の生命体が出現することも説明できなくなる。一つの肉体に宿った複数の魂は、彼らが必要とする経験を学んだ後、次の段階へと進んでいく。しかもその際、再び分裂することもあれば、さらに合体して別の魂の組み合わせで次の肉体に宿り、それぞれの進化の道を歩んでいく。一度は分かれた魂が、いくつかの転生を経て、再び合体する過程もあるのだろう。

あるいは、私たちは元々、神の意識から分かれた存在であり、再び合体しながら神に戻るというプロセスを体験しているだけなのかもしれない。神という一つの魂から分かれたという「分け御魂（ワケミタマ）」の思想が古神道にも伝わっている。

魂は分裂と合体を繰り返しながら、より大きな意識体へと進化していく。古い肉体から新しい肉体へと、まるで神の新陳代謝のように輪廻転生を繰り返しながら、より神に近い状態へと戻っていくということだろうか。

精神世界という海へ

清田益章がスプーンを曲げたり、念写をしたりしても、何の役にも立たないではないかとの議論もあるので、それについても触れておこう。清田自身もそのジレンマがあったようだ。文筆家の宮内勝典《みやうちかつのり》との対話を収録した『サイキの海へ』の中で、清田はそのときの真情を吐露《とろ》している。

スプーン曲げを始めて二、三年経って、「自分自身の中に、やっぱりスプーン曲げててもしょうがねえじゃないかっていう意識が出てきた」と、清田は言う。「なんでオレ、スプーン曲げやってるんだろうって思ったわけ。オレも、バカな頭で考えたんだけども、ただ単純に何の目的もなくてスプーン曲げやってるんだったら意味ないんじゃないかって思ったわけ。人からインチキだ、どうのこうのって言われるだけだから、そんなことを一生懸命やることはないって」

しかし清田には、自分が「スプーン曲げの人生」を選んだ理由があるように思えてならなかった。もちろん、スプーンを曲げるだけであれば、手品のほうが派手にできる。でも清田がやっているのは、手品でもインチキでもない。

では何なのか。清田がたどり着いた結論はこうだ。目に見えない力が物質に作用を及ぼすことができる。物質的な力ではない、精神の力がこのようなことを可能にするのだということを示すために、スプーンを曲げているのではないか、と。

現代の科学は物質偏重で、精神とか心とか魂とかをおざなりにしている。だが本来、科学というものは精神とか心とか魂とか言われているものを具体化する役割があるのではないか。そのことを気づかせるために、自分に超能力が発現したのではないか、と清田は考えた。

清田は大地を肉体（物質的レベル）、海を魂（精神的レベル）に譬《たと》えて言う。

「みんなね、大地から見つめて海の存在を知っているわけ。でもその中に入ったことがないやつらばっかりなんだよね。海と接してるということは知ってるんだけど。で、どこかで恐れてるの、溺れちゃうんじゃないかとかね。だけど、オレは、その中に入っていってるわけ、そういう精神という海の中に」

「オレ、ただスプーン曲げることを一生懸命言ってるわけじゃなくて、その海という存在に対して恐れをなすなっていうことで、泳いでいるわけ。そうやって泳いでいるのを見ると、安心感が持てるでしょ。みんな、口では、あいつはちょっと変わっているから泳げるんだよとか言っているけれども、じゃあちょっくら、あいつのまねしてつかってみようかって、波打ち際まで来て、ポチャポチャやりだすわけだよ」

「最初はそれでいいんだよ。どんどんどんどん、オレと一緒にやろうよって感じになれば、別にスプーン曲げることはないいんだ……泳がなくたっていいいんだよ。オレにとってはね。

泳がなくてもいいけれども、ただ海につかってみてね、なるほど海もこんなにいいところなんだなっていうのを感じとって欲しいなって思うんだ。だからオレはちょっと派手めに、バシャバシャ音を立てながら泳いでいるような状態なんじゃないかなっていう気がするんだよね」

●――スプーン曲げから「おのり」へ

スプーン曲げばかりやっているが、ほかのことはやらないのかと問われて清田益章は「やらないよ」と意地になっていた時期もあったという。しかし、清田にも転機が訪れる。スプーン曲げはイメージしたことが現実化するということを教えてくれた。思ったことは現象化するのだ。ならば豊かな世界をイメージすることにより、そういう現象が起こるはずだ。「俺がやらないわけにはいかないだろうと思ったね」

清田は二〇〇三年春、「脱・超能力者宣言」をして、小さな枠にとらわれない活動をすることを決意。一時期インドネシアのバリ島に移り住み、自然の中で瞑想することの重要性を再確認した。「すべては心の旅である。偶然なものはない。すると感謝の気持ちが湧いたんだ。そうだ、感謝しようという気持ちになった。感謝すると精神的にもいいんだよね」と清田は言う。

二〇〇四年からは「楽園化計画」を立ち上げ、石油を中心とする消費型ではなく循環型の世の中にするべく、ネットワークづくりを開始した。「資本主義中心の社会はなくなるよ。僕たちの心が中心となるんだ」

清田は二〇〇五年一月、神秘的な体験をしたという。一週間、伊豆大島で火を絶やさないようにする「火守《ひもり》」をやっていたときだ。清田は火を見つめながら、深い世界へ入って行きたいと思っていた。火との距離を感じながら、四時間ごとに炭火を取り替えているうちに、火の原点とつながったように感じたと清田は言う。

そのとき清田はビジョンを見た。古代から現代に至るまで、火について人間がどういう付き合い方をしていたかが、立体影像として目の前に絵巻物のように浮かんだというのだ。火は焚き火のような小さなものから始まり、西洋科学が進歩した現代になると、戦争や原子力で使われるようになった。そのビジョンを見ていると、清田は火が語りかけてきているように感じたという。「お前らはどうするんだ。俺たちをどう扱うんだ」と。

火には方向性も意志もない。火は善でも悪でもない。火とどう付き合うか、その責任は人間にある。清田はそのとき、「もっと火と友達になったほうがいいのではないか」と強く感じたという。それがいつしか「火起こしの踊り」となった。一月二七日のことだ。その踊りは「自然から授かった心と肉体すべてを使って、思い、想い、願い、念じ、そして祈り……踊る」ものだと清田は説明する。踊りと祈りの融合であった。清田はそれを「おのり」と名づけた。清田の新しい表現方法の誕生だ。「自然と人のコミュニケーション。もっとも原始的な、もっとも新しい神楽《かぐら》である」とも清田は言う。

おのりにより、清田はどのような現象を引き起こそうとしているのだろうか。清田は「おのり人」となり、世界へ旅に出る予定だという。

14 知られざる人類の歴史

●——「サイキの海」への恐れ

清田益章は、精神（サイキ）の海へ、みなで入ろうと言う。怖がる必要はないんだ、と。その意味を清田がどれだけ明確に意識しているかどうかは知らないが、この言葉には深淵《しんえん》な意味があるようだ。実は今の人類が「サイキの海」に恐れをなすには、それなりの理由があるのではないだろうか。それは地球人の歴史とも深く関係しているのではないかと、私には思われる。

つまり、人類は潜在的に、超能力に対する何らかの拒絶反応をもっているような節がある。おそらくそれは、人類が持つ怒りとか恐怖の感情と密接に結び付いているのではないだろうか。否定的な感情が超能力と結び付いたときの遠い過去の記憶が亡霊のようによみがえるのかもしれない。

秋山眞人によると、地球人が潜在意識下において持つ恐怖は三つあるという。一つは遺伝子レベルで引き継いできたともいえる恐竜への恐れ。これは恐竜に襲われた小哺乳動物として記憶が残っているからだという。次に、日食や彗星といった自然現象の異変に対する恐怖。最後に、これが一番「サイキの海」への恐れにつながっていると思うのだが、アトランティス文明の滅亡とも関連した大地震への恐怖であるという。

では、なぜアトランティスの滅亡と超能力が関連するのか。秋山はこう語る。大地震などを誘発したことによりアトランティスが滅亡した背景には、アトランティスが核兵器や超能力を使った戦争（内戦）をするなど科学や人間の能力を悪用したからだ、と。

「核自体に人間の念的なエネルギーを込めることができて、まったく別な強力な殺人兵器に変えたりしました。催眠戦も行なわれて、人間に一定の催眠をかけることによって体を変革させ、動物みたいに退化させて、それを奴隷みたいに使ったりしています」

「ですから一定の生命の進化の道からかなりはずれたものがあったようです。結局は戦争という形で滅びましたけれども、実質的にはそんな戦争が起きること自体が自然の法則に適《かな》ったことかもしれません。そんな生活をしていながら、だれもそれに疑問をはさまなかったこと自体が、滅びる兆しであったのでしょう」

「結局アトランティスが自然界のバランスを崩して地軸ジャンピングが起きるわけです。

それによってムーもめちゃくちゃになったんです。結局地軸ジャンピングの引き金をアトランティスが引いたわけです」

秋山の言うことが本当なら、人類が現在超能力を恐れる理由には、超能力の悪用で滅んだというアトランティスのトラウマがあるように思われる。そのトラウマがあまりにも大きかったので人類は半ば、潜在的に超能力を封印してしまったのではないだろうか。

果たして現代の地球人はこのトラウマを乗り越えることができるのだろうか。今ひとたび超能力を手に入れた場合、アトランティスの二の舞いになることはないのか。それは赤ん坊に拳銃を渡すようなものなのか。

もちろん、人類はすでにトラウマを乗り越え、人間の潜在力を魂の進化のために使うだけ賢く進化したかもしれない。そのときは、清田の言う「サイキの海」が目の前に無限の可能性を秘めて広がっていくことになるだろう。

破壊された惑星

秋山眞人によると、人類に大地震、大津波に対する恐怖を植えつけることになったアトランティスの滅亡は、別の大陸である「ムー」をも滅ぼしたという。

「ムーもそのこと（地軸ジャンピングによる地球大変動）をかなりの人が事前に察知していた

んです。しかし、闘争のレベルに巻き込まれた人たちは、闘争しに行ったんです。戦争挑発に乗ったんですが、聡明な連中は逃げることを考えていました。違う世界へ行くことを考えていましたね。この方たちのほうが人間的には上だったわけです。サッと別な惑星へ行ってからまた戻ってきたのもいるでしょう。だから地球でいろんなコンタクトマンに会った宇宙人のなかには、先祖が地球人だったという人もいるでしょう」

秋山が語るアトランティスとムーの最期が、本当にあった人類の歴史なのかは確認のしようがない。秋山が言うように、結局人類はアトランティスの暴走を止めることはできなかった。超能力と科学を悪用し、核兵器を使ったサイキック・ウォーが勃発、地軸ジャンプによる地殻変動を誘発して滅亡したのかもしれない。

では、それ以前の人類の歴史を超能力者たちは、どう見ているのだろうか。そのいくつかを紹介しよう。

前世でアトランティスの神官だったという政木和三は『この世に不可能はない』の中で、生命体からのメッセージとして、次のような人類の歴史を語っている。

「かつて三億六〇〇〇万年前の太陽系には、木星と火星の間の軌道を回る、地球によく似たもう一つの惑星があった。仮にこの惑星をベータ星と呼ぶことにしよう。ベータ星には非常に進化したベータ星人が住んでいたが、これが現在地球上に住む人類の先祖だと考えていい」

「ベータ星人は、現在の地球人がそうであるように、乱開発によって石炭や石油などのエネルギーを使い果たし、核融合エネルギーを開発した。そして、ベータ星破滅の危機を察知した科学者は、宇宙船をつくり、さながらノアの方舟《はこぶね》のように、できるだけ多くの優れたベータ星人を乗せて、ベータ星によく似た地球へと送り出した」

「まもなく、科学者が危惧したとおり、何かのはずみで起きた核爆発によって海水が誘爆し、そのためベータ星そのものが大爆発して、宇宙空間にこっぱみじんに飛び散った。飛び散った星のかけらのうち、比較的大きい一つが地球の周りを回る月となり、一六個が木星の衛星となり、残りの無数の小片が木星の内側軌道を回る小惑星群となったのである」

「地球に飛来したベータ星人は、地球の環境に馴染めずに死に絶え、その生命体だけが、そのころ地球上に生息していた動植物に宿った。そうして三億年以上もの長い時が流れ、今から約三〇〇万年前に、生命体はやっと誕生したばかりの人類の肉体に宿ることができるようになった」

「だが、動植物の中に宿っていた時間があまりにも長すぎたため、かつては非常に優れていたベータ星人の生命体も、動植物の生命体、すなわちエネルギーの低い生命体になってしまい、せっかく人間の肉体に宿ることができた後も、その多くはエネルギーの低い生命体のままで残った」

●地球を支配した恐竜の記憶

政木和三は、火星と木星の間を周回していた惑星から逃れてきた人たちが地球にやって来たのではないかと主張する。確かに火星と木星の間には、直径一キロメートル以上の小惑星が一〇〇万個以上存在するとみられる「小惑星帯」（アステロイド・ベルト）がある。かつての惑星が滅んだ残滓《ざんし》なのだろうか。

地球に宇宙船で逃れてきた三億六〇〇〇万年前の記憶は、現代の地球人にも残っており、UFOはその記憶の現われではないか、とも政木は言う。地球は今、かつてのベータ星のように環境破壊が進んでおり、核融合エネルギーなども大きな危険を伴いながら開発されている。「そこで生命体が、ベータ星の愚行を繰り返さないよう、遠い日の恐怖の記憶をUFOに託してよみがえらせ、私たちに警告を発している」というのだ。

もちろん、これはあくまでも政木の主張であって、超能力者が皆認めている地球人の歴史というわけではない。たとえば秋山眞人説は政木説と微妙に異なる。

秋山によると、火星など太陽系内の他の惑星にはかつて、今の地球に地球人が住んでいるように人類が住んでいたという。そして、ある一定の進歩を果たして宇宙へと旅立っていった。彼らは太陽系人とも呼べる人類で、一部は金星系列の宇宙人となったらしい。このため、火星などの惑星では今でも、「卵の抜け殻」とも呼べる文明の残骸が残っているのだという。

秋山説では、地球人が有史以来歩んできた道は、恐竜との戦いの歴史であったという。人類の祖先である、ねずみのような初期の哺乳類が地球上に誕生したとき、この惑星を支配していたのは恐竜たちであった。草食や肉食の巨大な恐竜が地球上を闊歩《かつぽ》していた。一方哺乳類は、恐竜におびえながら暮していた。だが、支配者であった恐竜も、隕石の衝突、宇宙からの放射線照射などにより滅んでしまった。

後に残ったのは、恐竜の屍《しかばね》や卵を食べながら地下で生活していたラット類だった。このラット類が進化して、人類になった。しかし、哺乳類と恐竜の戦いの記憶は遺伝子の中に組み込まれており、現在の人類にも恐竜に対する恐怖心が残ってしまった。

「問題は、そんな私たちの文明に最初に干渉してきたのが、恐竜と同じ爬虫類から進化した宇宙人であるグレイ・タイプだったのです」と、秋山は言う。ところが哺乳類の潜在意識には、爬虫類の恐竜に対する恐怖心が強く残っていた。そのため、竜族ともいえるグレイ・タイプでは、哺乳類世界である地球を進化させることができなかったというのだ。

折しも、宇宙人側の干渉にも変化が現われた。地球に類人猿が出現したころ、今度は哺乳類から進化したヒューマノイド・タイプの宇宙人が地球にやって来た。

宇宙人の干渉と進化

哺乳類世界である地球に対し、爬虫類から進化したグレイ・タイプが干渉しようとしていることを目の当たりにしたヒューマノイド・タイプの宇宙人は考えた。地球は哺乳類が知性を発達させるための転換期にさしかかっている、このままグレイ・タイプが干渉を続ければ、人類は滅びてしまうか、グレイ・タイプに隷属して支配されるようになるだろう、それは地球にとって不幸ではないか、と。

ただし、ヒューマノイド・タイプの宇宙人は、グレイ・タイプがやろうとしているような地球人の進化に直接干渉することは避けた。宇宙の法則に反することになると考えたからだ。そこでヒューマノイド・タイプの宇宙人は、グレイ・タイプの直接干渉に対抗するため、思念力で対抗することを決めたという。

つまり、一方的に知恵を与えて干渉するのではなく、一定の成長段階でいろいろなヒントを与え、自力で問題を解決させれば、地球人の進化の自由を侵害していることにはならないのではないかと考えたのだ。具体的には、ヒューマノイド・タイプの宇宙人の一部が、地球人に生まれ変わり、彼らの知識を伝達しようとした。

ところが当時の地球には、まだ類人猿しかいなかったので、宇宙人も類人猿として生まれてくるしかなかった。類人猿に生まれ変わった宇宙人は、他の類人猿に対して徹底的に手の機能を開発させるように導いた。手の発達によって類人猿は脳を発達させ、ネアンデルタール人やクロマニヨン人といった猿人が誕生した。

「実際のところは、類人猿から猿人に進む過程で、一部のステップを飛ばしてしまったこともあったのです」と秋山は言う。グレイにそそのかされて、おそらく遺伝子操作によって、カモシカのような足を持ったケンタウロスのような人間を生み出してしまったこともあったという。急激な進化は、事実上失敗に終わった。

こうした試行錯誤を経て、人類の進化プログラムは次の段階へと移っていった。秋山によると、この段階で地球は一時、宇宙の流刑地のようになってしまったという。ヒューマノイド・タイプで、宇宙の秩序を破った宇宙人が地球に送り込まれ、ある程度力を奪われて、地球人として転生してきたのだ。時代は違うかもしれないが、『竹取物語』のかぐや姫の話を思い出してほしい。

このようにして、宇宙人が転生することにより、地球上の人類は進化していった。ただ、進化が急激すぎたり、宇宙の刑務所扱いされたりするなど、最初から祝福されていたとはいえないようだ。それでも人類はやがて、超能力も自由に使える科学文明をつくり上げる。それらがムーやアトランティスの文明だ。だが、もともと宇宙の秩序を乱した結果、転生してきた人間が多かったせいか、人類は超能力と科学を悪用して、地球文明の崩壊と大災害を招いてしまったのだという。

●——高度な文明が何度も滅びていた

ガンマー星から移住してきたという政木説と、宇宙人の直接的、間接的な干渉により地球は進化してきたという秋山説はそれぞれ微妙に異なるが、矛盾なく説明することもできる。秋山が言うように、太陽系の他の惑星にもかつては人類が住んでいたとしたら、政木説による火星と木星の間を周回していたガンマー星にも人類がいたのであろう。政木によると、それは三億六〇〇〇万年前だったという。

秋山は、他の惑星でも人類は一定の進化を遂げた後、宇宙へ旅立って行ったというが、ガンマー星のように、進化したものの滅亡してしまった人類がいても不思議ではない。彼らは地球に移住しようとしたが、環境に馴染めず死滅。人類が誕生するまで三億年ほどの間、転生できずに動植物などに憑依しながら地球をさまよっていたのかもしれない。

やがて人類が登場すると、ガンマー星人の生命体も人類として転生するようになるが、それとは別に他の惑星から転生してきた宇宙人がいたのではないだろうか。あとは秋山説と同じである。

その後の人類の歴史について、政木は生命体から次のように聞いているという。

「実は一〇万年以上も前に、人類は現在と同じ文明を持っていた。人類は、それまでにも何度か、発達した物質文明によって滅亡を繰り返していた」

「ガソリンエンジンをつくって、石油を燃やし、空気を汚染してしまったことなどから、氷河期を招いたのが、滅亡の原因であった」

政木は言う。「人類は、過去に四回も高度な文明を獲得し、そのつど、自ら生み出した科学によって滅んできたのである」

その最後の文明がアトランティスやムーであったのだろうか。政木の推測では、一万四〇〇〇年前はムー大陸と日本は陸続きで、沖縄県与那国島の海底遺跡で見つかった文字は、ムーの文字であったのではないか、という。

政木が生命体から教えてもらったという人類の歴史は、眠れる超能力者といわれたエドガー・ケイシーがリーディングで語った歴史と似ている。ケイシーもまた、人類の破壊行為により何度も文明が滅亡したと、次のように説く。

「地球が今日の段階にまで到達したことは何度もあった。その度毎に沈んだり、隆起したりして次の発展へと向かったのだ。あるものは一つの方向へ向かい、またあるものは他の方向へ向かい発展していった。私達は、人類が発達させたいわゆる高い段階の学問の分野には、人類を破壊してしまう種もあることに気づくのである。例えば医学の力、物理科学の力、占星学的、霊的破壊力などである」(マリー・エレン・カーター『エドガー・ケイシーの予言』より)

エドガー・ケイシーの別のリーディングには、次のような発言もある。
「一〇五〇万年前に人が初めて住み、数多くの隆起と変動があり、その間に二〇万年にわたる文明があった」「三つの大変動が数千年の間隔で起こり、その後、ついに破壊されてしまった。最後のものは紀元前約一万一〇〇〇年ごろであった」（マリー・エレン・カーター『エドガー・ケイシーの予言』より）

ケイシーが正しいとすると、最初の人類の文明は二〇万年間も続いたという。これはいかなる文明であったのか。ケイシー自身、詳しく語っていないのでわからない。三つの大変動が起きたというのだから、一度目の大変動で最初の文明が滅び、さらにもう一つ文明があり、二度目の変動で滅亡。次にアトランティスやムーといった文明が開花したのだろうか。

プラトンの『国家』でも、ソクラテスが語った話として、ギリシャの哲学者ソロンがエジプトの神官から、人類は一つの洪水しか覚えていないが、それ以前にも多くあったこと、いろいろな原因により人間の破壊がたびたび起こっていたことなどを告げられたとしている。

ケイシーはムーだけでなく、レムリアについても語っている。ただしケイシーは、アトランティスのことは詳細に語っているが、レムリアやムーのことは詳述していない。これは単純に、ケイシーがリーディングした人たちがアトランティス時代に生きた人たちの生まれ変わりが多かったからだとされている。

レムリアとはどこにあり、どのような文明だったのか。ケイシーを研究しているマリー・エレン・カーターによると、レムリア大陸は太平洋にあり、ムーは今のカリフォルニア州南部とメキシコにかけてあったのではないかという。もちろん、ケイシーが所在地を明確にしていないため、これが正しいかはよくわからない。

レムリアとムーの間の関係にも混乱があるように思える。ケイシーのリーディングの中にある少ない情報をかき集めると、レムリア大陸からゴビ砂漠に避難してきたレムリア人の統治者として「ムー」という名の預言者が出てくる。ムーは「法律を与える者」とも称されており、おそらく王のような存在で、その息子ムーゼーンが後に王位を継いでいる。

与那国の海底遺跡もムー大陸と関係があるのだろうか

彼らは紀元前一万年ごろ、モンゴルの広大な草原に、物質的にはかなり高度に進歩したタオイ文明を築いたという。

このレムリア人の末裔《まつえい》とみられる統治者ムーは、ムー大陸とどういう関係だったのだろうか。統治者であるムーの名をとってレムリア大陸のことをムー大陸と呼んだのだろうか。あるいはレムリアとムーは植民地のような関係にあったのか。それらの質問に明確に答えるようなケイシーのリーディング記録は見つかっていない。

——ディメンション・ジャンプ

人類が過去、何度も文明を築いてはその文明の悪用などにより滅亡していったということは、超能力者たちの意見の一致するところだ。北川恵子もまた、宇宙神霊アーリーオン（以下アリオン）から人類の歴史について聞いている。

興味深いのは、アリオンが過去の人類の滅亡は、単なる自然災害による物理的な滅亡ではなかったとしていること

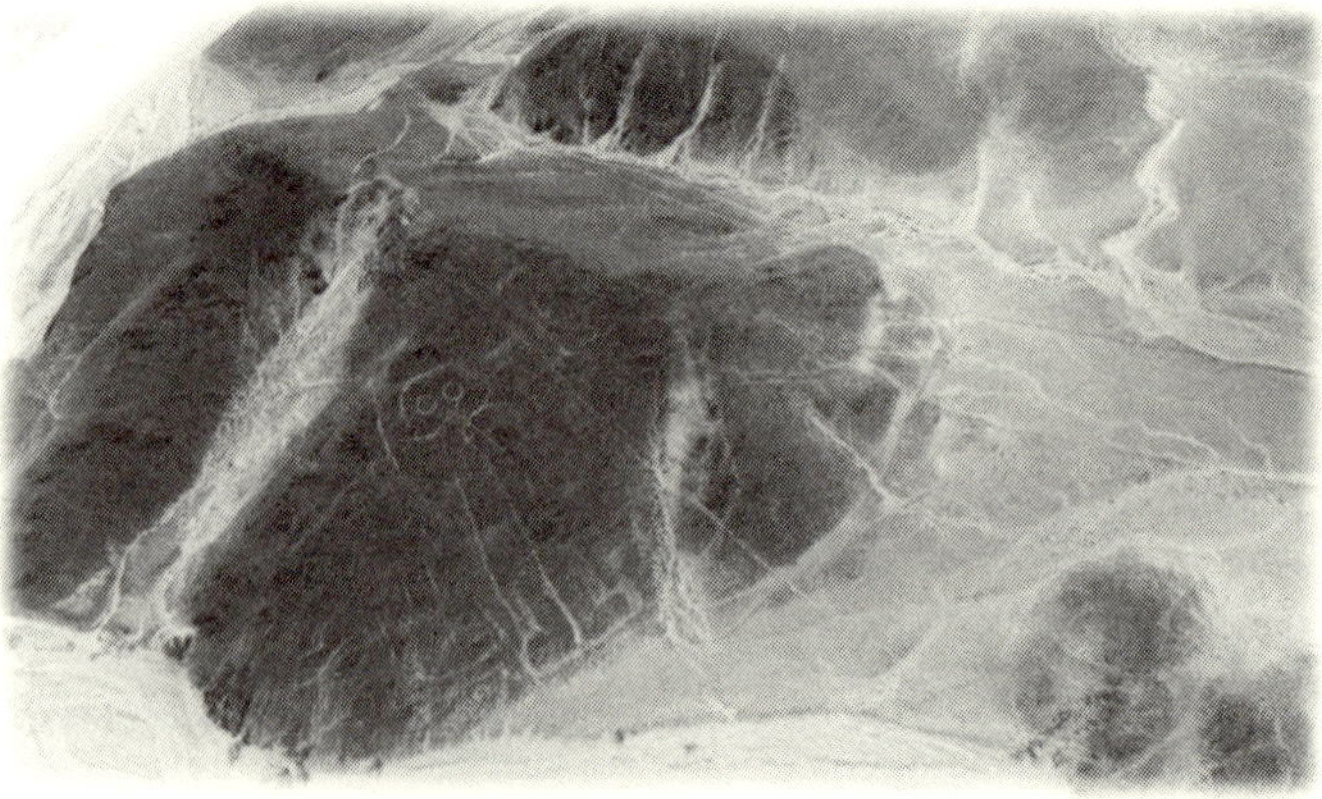

ナスカの地上絵も失われた超古代文明の遺跡ではないかとの見方もある

だ。アリオンは、地球が過去に二度の「ディメンション・ジャンプ」を経験したと言う。

『時の砂は、降り続け……

「そして、その者達」によって、同じ問いが繰り返される。

しかし、この度は繰り返してはならない。

同じ過ちを……』

『私の知っている範囲では、人類の基礎となる「基アミノ核酸」は金星と火星の両方から提供された。その時期は、現在の西暦からは話せない。

何故ならば、地球全体が大きなディメンション・ジャンプを経験したからだ』

『地球は既に二度の大きなディメンション・ジャンプを経験しているが、これ以上は無理だろう。ディメンション・ジャンプは起こしてはいけないものだ、ということだけ説明しておこう』

（アートライン・プロジェクト『アーリオーン・メッセージ』より）

このことから類推するに、過去において人類は二度過ちを犯し、地球全体が立ち行かなくなった。そのため、ディメンション・ジャンプという殿下の宝刀で危機を乗り越えた、ということらしい。北川らは、このディメンション・ジャンプは「時空を力技でねじ曲げることで行なわれる一種の荒療治」ではないか、とみている。

確かにこの説だと、なぜアトランティスやムーといった〝大陸〟が、ほとんど跡形もなく消えてしまったかが説明できるような気がする。大陸は海中に没したのではなく、ディメンション・ジャンプによって大陸自体が次元の狭間へと消失していったのではないだろうか。事実、私が取材したとき、北川はそのように考えているようだった。アトランティスやムーは、次元の異なる空間に瞬間移動したのかもしれない。

北川恵子はアリオンから、かなり詳しく人類の歴史について聞かされているようだが、ほとんど明らかにしていない。それでも日本人の歴史については『アーリオーン・メッセージ』（アートライン・プロジェクト著）に詳しいので、ここで紹介しよう。

古代日本で何があったのか。アリオンは古代日本にやって来た「アマ族」について、少しずつ語り始めた。

●――パミール高原の「アマ族」

アリオンによると、日本の古代史で主役を演じた部族があった。いまから二二〇〇年以上前にパミール高原で暮らしていた「アマ族」と呼ばれる部族で、優れた知恵と精神性を有するだけでなく、霊能力・超能力とも言うべき能力を生まれつき身につけていたという。

パミール高原は、中央アジア南東部に位置する七〇〇〇メートル級の山々に囲まれた、全体が標高三〇〇〇メートル以上もある大高原地帯だ。アマ族の多くはモンゴル系の人種であった。

彼らに何が起こったのか、アリオンはつまびらかにしていないようだが、アマ族の人たちは紀元前三～二世紀、「人類の進化を促し、真の繁栄に導くことを目的として」、東へと旅立った。そのうち二つのグループが目指したのは、ユーラシア大陸の東の果てにある日本だった。「活火山の多い日本列島こそ、人類の進化と活性化に適した特殊な磁場を持つ地域である」というのが、日本を選んだ理由であったらしい。

その二つのグループは、陸路と海路の二つに分かれて日本に向かった。最初に日本に到着したのは、ネパール、インドを経て、中国の江南地方から博多湾沿岸に上陸した陸路グループであった。彼らは九州の原日本人（縄文人）を併合しながら、九州の東海岸から日《ひゅ》向《うが》地方へと南進し、強大な国家をつくり上げた。北川らは、彼らのことを便宜上、「日向《ひむか》族」と名づけている。

一方、インドから東南アジアの島々を経由して朝鮮半島に渡った海路グループは、陸路グループにやや遅れて壱岐《いき》島から出雲《いずも》に上陸した。北川らは、彼らを「出雲族」と呼んでいる。

日向族の族長にはイザナギ、イザナミがおり、出雲族の族長にはスサノオの父フツがいた。二つのグループはパミール高原を出発するとき、「日本で落ち合った後、一致協力して日本を治め、人類の進化と文化の隆盛を促す」という約束をしていたらしい。ところが、先に到着し、すでに強大な国を築きつつあった日向族は出雲族との協力を拒み、逆に出雲族が保持する皇位継承の証である「十種神宝」の引き渡しを要求してきたという。

これに対し、出雲族の族長であったフツは、息子スサノオとスサノオの第五子であるトシ（後のニギハヤヒ）らを伴って、九州に陣取る日向族に戦いを挑むことにした。

改竄された日本の歴史

出雲族の進軍に恐れをなした日向族のイザナギとイザナミは、前言を撤回。娘のアマテラスと出雲族のスサノオを政略的に結婚させることで和議を図った。これが記紀に記されている「誓約（うけい）」の真相である。この婚姻により二部族間の結びつきが強まり、協力して日本を治めるという当初の約束が果たされたかに思えた。

ところが、この政略結婚を心よく思っていなかったグループがいたと、アリオンは言う。そのグループは日向族の「アマテラスの義弟たち」で、古代の呪術を巧みに操る有能な呪師たちであったらしい。彼らは密かに、日本列島に大掛かりな呪縛を施す。出雲族の聖地とされる土地や日本の重要なエネルギースポットを次々と封印。日向族と出雲族の関係を修復できないような呪いをかけたらしい。

この呪縛により、日本はその後、歴史の節目節目に「二分された勢力による対立構造」が生じるようになってしまったと、北川らは分析する。たとえば、飛鳥《あすか》時代の蘇我《そが》一族と物部《もののべ》一族の抗争、平安後期の源平合戦、南北朝時代の南朝と北朝の対立、明治維新当時の勤皇攘夷派と佐幕派の争いなどだ。

ほどなく日向族と出雲族の抗争が再燃すると、アマテラスの義弟たちの呪縛が功を奏したのか、日向族は次第に出雲族の勢力圏を侵食しはじめる。劣勢となった出雲族は山間部に追いやられ、国譲りの神話に語られているように、出雲族は諏訪《すわ》など東方へと敗走せざるをえなくなった。

さらにアリオンによると、日向族は出雲族の力を弱めるために、渡来系の力も利用したという。北川らの解釈では、とくに渡来系民族による支配を強めたのは桓武《かんむ》天皇で、この時代に東北に派遣され、多くの蝦夷《えぞ》を打ち滅ぼしたとされる坂上田村麻呂《さかのうえのたむらまろ》が実際に征討したのは、出雲系アマ族の子孫であったという。

このように日本では、渡来系民族とアマテラスの義弟たちの封印により、日本固有の民族的エネルギーを徐々に失っていったと、北川らはみている。「仏教の影響を受けた日本の民は、しだいに『カムナガラノミチ（神慮のままに人為を加えぬ日本固有の道）』である神道から外れていくことになった」という。

日向族はまた、自分たちに都合のいいように歴史を改竄《かいざん》した、と北川らは言う。日向族出身のイザナギとイザナミが日本の国土を生んだ神として神社で祀られているのも、ねじ曲げられた歴史の結果だという。北川らによると、日向族出身の神武《じんむ》が日本の最初の天皇のように日本書紀や古事記に記されているが、真の初代天皇はニギハヤヒであり、意図的に記紀から名前を削られているという。ちなみに日向族によって封印されたニギハヤヒは、大和の三輪山に葬られているそうだ。

この歴史の改竄について、アリオンは一九九六年初頭に次のように語った。

「最近、世の中が険しく厳しく、更に賑やかになっていると感じている人も多いと思うが、これは今まで隠れていたものが表にはっきりと目に見える形になって出てきたというだけのことだから、そうそう心配は要らない。

今まで見えなかったのは何故か？　こちらの方が重要なことだとも言える。

日本という国の成り立ち、歴史、その他色々なことがその時々の為政者によって、隠され改竄されてきたが、もうこの国の魂はそれを許せなくなっている」

●——依然わからない古代史の謎

アリオンや北川恵子らが描く古代日本の実相が真実であるのかどうかは、証明は難しい。

ただ言えることは、古事記や日本書紀が描くような、今の天皇家を中心とした日本史は捻《ね》じ曲げられた歴史であるということではないだろうか。

アリオンの説明にも、まだ不明な点が多い。仮に北川らが主張するように、ニギハヤヒが真の初代天皇だとしても、所詮早くても紀元前二〜三世紀ごろ日本にやって来た〝渡来人〟の末裔ではないか、などと思ってしまう。果たしてアマ族に日本を統治する正統性があったのかどうか、はっきりしない。

宇宙からやって来た神々が日本に降臨し、その後メソポタミアでシュメール文明を築き、再び日本に帰ってきたのではないかとする説（「もう一つの竹内文書」の口伝継承者・竹内睦泰説）もあるようだが、真相はわからない。

秋山眞人も日本民族のルーツを追跡したことがあるという。秋山はペルシャまで行き、イスラエルの失われた十二支族が日本人と関係があったのではないかとの結論に達した。秋山によると、ユダヤ人は、遠い昔に別な惑星から来た可能性が強いという。「それは一二という数字があるからです。ユダヤ人というよりも、その民族を超越した魂の流れというか、何かの原形があるのではないでしょうか」と秋山は言う。

超能力者たちの間では、日本人のルーツをパミール高原やペルシャなど南西アジア方面に求める見方が強いようだ。

一方、政木和三は、日本には一万年以上も前からかなり高度な文明があったのではないかとの説を採っている。その根拠はユニークで、政木には一万四〇〇〇年前に日本で過ごした前世の記憶があるからだという。政木は当時、大山祇神（おおやまつみのかみ、職名・大国主命）であったという。

ここで断っておくが、大山祇神の魂がそのまま転生して政木になったのではないようだ。政木によると、大山祇神の生命体は同時に何人もの肉体に宿ることができる。そのため政木は、政木の孫にも、遺伝子をコントロールする第一生命体として大山祇神の生命体が宿っているとの見解を持っている。

生命体が憑依すると、その生命体の記憶が「前世の記憶」としてよみがえることがあるらしい。確かにそれは、ビリー・ミリガンのケースで観察された現象でもある。肉体に宿る生命体の分だけ、前世の記憶も増える仕組みがあるのかもしれない。

さて大山祇は、三保の松原で天女と愛を交わし、娘の木花開耶姫《このはなさくやひめ》が生まれたという。当時の日本はムー大陸と陸続きで高度な文明を持っていたのではないか、と政木は言う。海を航行する船だけでなく、空を飛ぶ船や瞑想するためのピラミッドが古代日本にもあったのではないか、とも言う。政木は、竹内文書的世界が存在したことを肯定する立場である。

政木が描く古代日本と、北川らが主張する古代の日本の実相は、明らかに異なるし、時間的にもずれがある。北川らは神話に登場するアマテラスやスサノオ、イザナギ、イザナミといった人物は紀元前二〜三世紀にパミール高原からやって来た部族であるという。これに対し政木は、神話に登場する大山祇や木花開耶姫が存在したのは、日本に高度な文明があった一万四〇〇〇年前であるという。

なぜ、こうも超能力者たちが見る歴史が違うのかは、よくわからない。でたらめな記紀神話が混乱の元凶なのかもしれないし、未来同様、過去も決まっておらず、不確かなものだからかもしれない。あるいは、北川らが主張する過去二度のディメンション・ジャンプが時空や次元に歪《ひず》みを生じさせたからなのか、真相はわからないままだ。

15 予知のメカニズム

——口から出た真実

過去すらわからないのだから、未来などわかるはずがない——と思いつつも、予知が当たる場合もあることは認めざるをえない。とくに数時間後などかなり近い未来に起きる出来事のほうが、より遠い未来に起きる出来事よりも、当たる場合が多いようだ。

『古代日本の航海術』などの著作で知られる東京海洋大学名誉教授の茂在《もざい》寅男《とらお》は、二〇〇四年一〇月二三日夕方、東京・新宿で開かれた懇親会の席上、大地震の話題を取り上げた。出席者から地震など当分来ないと聞いた茂在はそのとき、つい、次のような言葉を口にした。

「私は大地震が間もなく起きると断言したい。東京に、と限定するわけではなく、我々にも大きく影響ある地で、もう間もなく起きますよ」

新潟中越地震があったのは、その約一時間後であった。

ただの偶然の一致なのだろうか。

茂在は一九七二年（昭和四七年）六月一五日にも、知り合いの教授と自動車の中で航空機事故が一両日中に起きるという予感がすることについて話し合った。するとその夜、ヴェトナム上空でキャセイパシフィック航空機が空中分解、日本人一七人を含む八〇人余の死亡を伝えるニュースが飛び込んできたという。

政木和三もいくつかの予知をしている。昭和天皇が一九八九年（昭和六四年）一月七日に死去することを、一カ月半ぐらい前から講演のたびごとに話していたという。一九九一年（平成三年）一月末の講演会では、参加者からの「湾岸戦争はいつ終わるのか」という質問に対し、「私は湾岸戦争には関係ありませんので、わかりません」と答えるつもりだった。ところが次の瞬間、口が勝手に喋りだしていた。「二月二八日に終わります」

政木は翌日、「昨日は講演会で変なことを言ってしまった」と少し後悔したという。しかし、それから約一カ月経った二月二八日の「予言の日」に、クウェートを多国籍軍が取り返した（停戦合意は三月三日）。

政木は人間による予知について、独特の理論を持っている。脳波がシータ波以下に下がると、時間は一般に肉体が感じる物理的な時間から、生命体世界の時間に変わり、一年間が三〇〇分の一秒に短縮される。その状態では、一カ月は三〇〇〇分の一秒にも満たないので、一カ月、二カ月先などは、未来というよりは今現在とはほとんど同じことになり、知ろうと思えばいくらでも知ることが可能になるのだという。

世界中であった予知の事実

政木和三や茂在寅男のケースは、自分とは直接関係のない事故や出来事に対する〝予知〟であったが、自分の身の上に起こる危険を予知したケースは、これまでにも世界中で報告がある。宮城音弥の『超能力の世界』（岩波新書）には、いくつかの興味深い予知の例が紹介されている。

それによると、一八八一年一月、アメリカ陸軍のマックゴウワン大尉は、子供たちを劇に連れて行こうと思い、前日に切符を買った。ところが観劇の当日、頭の中で声が聞こえるようになった。その声は「劇場には行かぬがよい。子供たちは寄宿舎に帰らせるがよい」と言う。その声は段々と強くなり、マックゴウワンはとうとう観劇を取りやめた。その劇場が火事になり、三〇五人の命が奪われたのは、まさに彼らが劇を観ようとしたその晩のことであった。

一九一二年三月二三日、その男はニューヨーク行きの豪華客船タイタニック号の切符を予約した。当時、世界一といわれたタイタニック号の処女航海は四月一〇日だった。ところが出発の一〇日前ごろ、彼は夢を見た。それは、その船がひっくり返って、旅客や船員がその周りを泳いでいる夢だった。翌日も同じ夢を見た。不安を覚えたその男は、切符を払い戻してもらった。

タイタニック号は四月一〇日、英国サウザンプトンを出港。四月一四日午後一一時四〇分ごろ、北大西洋上で氷山に激突して、一五日午前二時二〇分ごろ沈没、一五〇〇人以上の人が犠牲となった。

こうした事例は、いわば危機回避の予知であった。日本でも、危険を知らせてくれたり、普通では知りえないことを教えてくれたりする「虫の知らせ」という現象は昔から多く報告されており、枚挙に遑《いとま》がないほどだ。

私の中学時代の家庭科の先生にも、同じようなことが起こったという。普段はかなり厳しい先生で、無駄口などたたけない雰囲気があったが、一日だけ授業中に自分が体験した不思議な話を披露したことがある。その中のひとつに、やはり「虫の知らせ」があった。ある大きな列車事故があったが、その列車に乗ることになっていた先生は、乗る前に「乗るな」という声を聞いたので乗らなかったのだと話していた。

こうした声や夢は、おそらく未来を予知したものなのだろう。まさかと思う人も多いだろうが、実はこれと同じような現象は、日常的に私たちにも起きているともみることができる。たとえば、「うわさをすれば影がさす」という言葉があるが、「あれは影があるから、うわさをするのです」と秋山眞人は言う。皆がある人のうわさをしていると、当人がそこへひょっこり現われるという現象が「うわさをすれば影」であるが、その人のうわさをするのは、その人が自分たちに近づいてくるのを事前に察知するためであるというのだ。

おそらく、この現象に予知のメカニズムの謎を解く鍵があるのではないか。

オーラを感知する

「うわさをすれば影」のメカニズムは、おそらく次のようなものだろう。現代の科学ではまだ完全には解明されていないが、人間の周りにはオーラと呼ばれる波動エネルギー、もしくは気や生命エネルギー圏のようなものが幾重にも取り巻いているとされている。霊能力者や超能力者が見ると、人間を取り巻くように、あるいは後光のように、オーラは様々な色で輝いてみえるようだ。身体に近いところにあるオーラは強く、はっきりとしているが、身体から離れるにつれて、弱くかすかになる。

ところが、感度を高めると、遠くにいてもその人の発するオーラが感知できる。とくに無意識の領域では、かすかなオーラでも察知することが可能になる。このため、皆で会話しているときに、ふとその人のことを思う場合は、当人のオーラが近づいて来るのを無意識のうちに察知して、話題が当人の話に及ぶのではないだろうか。

たとえば私の知人は、エスカレーターを上ってくる友達の顔が、その人が物理的に見える前に浮かんだことがあったという。別にそのとき、その知人は友達と待ち合わせしていたわけではなかった。フッと友達の顔が頭に浮かんで、その何秒か後に実際にその友達が現われたので、ひどく驚いたと話していた。

猫や犬といったペットにも、こうした能力があるとみられている。家の中で飼われている猫や犬は、飼い主が家のそばまで来ると、鳴いたりそわそわしたりすることはよく知られている。これも猫や犬が飼い主のオーラが近づいてくるのを察知しているのではないかと考えられる。

面白いのは、オーラが生物からだけでなく、物からも生じているらしいことだ。霊験あらたかとされる神社のお守りなどからもオーラは出ていると、四次元世界の研究家である内田秀男《うちだひでお》(故人)は言う。お守りはただの紙や布、木片からできているが、霊能者が「みたまうつし」をしたものなら、それがただの石ころやいわしの頭であっても、そこから周囲に強力なオーラが拡散する。

逆に霊能者が「みたまぬき」をすると、お守りのオーラの拡散は止まるという現象もあるそうだ。つまり、オーラは自由自在にオン、オフできるだけでなく、〝感染〟させることもできるのだという。

私はこの現象が時間を超えて起こるのではないか、と考えている。つまり、ある事件・事故なり出来事が未来のある時点で起きたと仮定しよう。すると、その事件・事故なり出来事が発するエネルギー、もしくはオーラのようなものが過去と未来に向けて発せられる。しかも、その出来事が発生する時間に近いほど、その〝オーラ〟は強くなる。逆に、時間が未来や過去に向けて遠のくほど、その〝オーラ〟は弱くなる。

アメリカ陸軍のマックゴウワン大尉が子供たちと観劇に行くのを止めたのも、火事という出来事が発するオーラのようなものを事前に察知してしまったからだろう。だから、マックゴウワンに聞こえる「声」も火事が起きる時間が近づくにつれ、より強く聞こえるようになったのではないだろうか。

人間には胸騒ぎという感覚がある。これこそ、まさに未来に起きる事件や事故の〝オーラ〟を感じ取る能力の表われではないか、と思える。発想を変えれば、この〝オーラ〟を変えてしまえば、将来起こりうる悲惨な事件や事故を防ぐことができるのではないか、とも思えてくる。

回避できる未来、決められた未来

胸騒ぎが未来の事件・事故の〝オーラ〟を感じ取る能力だとしたら、人間の想念でその嫌な〝オーラ〟を変えることはできないだろうか。だが胸騒ぎは、そう簡単に消えるものでもない。何かしらのテクニックが必要なようだ。

反対に、人々の不安や恐怖がマイナスの〝オーラ〟を作ってしまい、その影響で未来や過去において不安を現実化させてしまうような事件・事故が起きるということもありそうだ。秋山眞人は、人々の想念は現実化してしまうことがあると、よく言っていた。予言や予知が怖いのは、口に出した途端にそのような〝オーラ〟が発生してしまうことだろう。人々の不安を煽るような予言をして、その意図的につくられた不安のエネルギーで予言を現実化させてしまうこともできるようだ。巷《ちまた》の〝教祖〟や、ジョージ・W・ブッシュのような政治家がよくやる手ではある。

では、実際に起こるかもしれない不幸な出来事を回避する方法はあるのだろうか。秋山は不安を感じたら、それを打ち消すことを口に出すといいのではないか、と言う。つまり、簡単に言うとポジティブ・シンキングの勧めである。

未来に対する不安や恐怖を感じても、「ああ、どうしよう、大変だ」「もう駄目だ」などとは口が裂けても言ってはいけない。どんなに窮地に追い込まれても、「でも大丈夫だ」と口に出す。そうすると、ポジティブな想念が「不安のエネルギー」に影響を与え、結果を変えることも可能なのだという。

秋山眞人や清田益章は次のようにも言う。運命は一本の細い道ではなく、幅の広い道路のようなものである。おおよその道筋は決まっているが、そこに行き着くまでには右に行ったり、左に行ったり、結構自由に歩くことができる。たとえば、目の前に岩があっても道幅が広いので、避けて通ったり、その上を乗り越えたり、岩をどけたり、好きなことが可能なわけだ。つまり、まっすぐ歩いていけば岩にぶつかるが、それを回避する方法はいくつもある。未来は決まっていないというわけだ。

おそらく、たいていの障害物、つまり事件や事故は、避けることができるのだろう。事件・事故が起きることは、決まっているわけではない。人間の想念を活用すれば、戦争や大惨事を回避できると思われる。

しかし、人間の想念だけでは変えられない、より高い次元で決められた未来というものはあるようだ。それは予知や予言というよりも、預言によってのみ、明らかにされるものなのかもしれない。

たとえばアリオンは、一九九五年（平成七年）一月一六日の深夜、次のようなメッセージをインターネット上で発表した。

「三筋の亀裂は、一筋から分かれた二つの筋に重なる所で軋轢《あつれき》を生む」

ご存知のように、その数時間後の一七日午前五時四六分、阪神淡路大地震が発生した。

震源域とされる明石海峡付近の海底では、三本の断層が確認されており、これが「三筋の亀裂」のことではないかとされている。

アリオンは、このメッセージは予言や予知ではなく、「預言」であると言う。「予言というものは、大いなるエネルギーであるところの存在からの話を、担い手であると定められた人が預かることだ。これは少し予言や予知とは異なる。予言や予知は、人間以外の存在の関わりなしでも成立するが、預言の場合は人間以外の存在の関わりなしには成立しない」

このような場合、よほどのことがないかぎり、人間の力では変えることは困難であるのかもしれない。仮にそうであっても、選択肢は無限にあるように思える。預言が警告である場合もあるだろう。

●――幽体離脱で未来を見る

幽体離脱で未来を見てきたという人もいる。立花隆の『証言・臨死体験』(文春文庫)でも取り上げられた彗星探索家の木内鶴彦《きうちつるひこ》だ。倍率二五倍の大型双眼鏡でこれまでに彗星を四つ見つけ、うち二つには「キウチ」の名前が入っている。

木内が書いた『生き方は星空が教えてくれる』(サンマーク出版)によると、木内は航空自衛隊の茨城県百里《ひやくり》基地に勤務していた一九七六年(昭和五一年)の二二歳のとき、臨死体験をした。夜勤明けで一息ついていると突然、激しい腹痛に見舞われ、倒れ込んだ。

病院に運ばれたが、七転八倒の痛みは一向に治まらない。不思議なことに、木内は傍目には昏睡状態なのだが、意識ははっきりしていたという。しかし何の病気かもわからず、木内の臓器という臓器がすべて悲鳴を上げていた。医者はさじを投げ、あと一週間の命だと言う。

一週間の命であると告げられた木内は初め、死ぬことへの恐怖感でいっぱいになった。生きているうちにあれもしたかった、これもしたかったと、やり残したことが次々と去来した。しかしそのうち、「でも、しょうがないか」とあきらめ気分になり、なんでも受け入れられるようになったという。

そして迎えた一週間目の朝。木内は「今日、自分は死ぬんだ」と覚悟を決めていた。家族は、木内が昏睡状態で横たわるベッドの周りに集まった。父親が病名もわからずに息子が死ぬことに耐えられなかったのか、担当医に「死ぬ前に息子を検査してくれ」と頼み込んだ。木内の意識ははっきりとその言葉を聴いている。

検査が行なわれることになった。造影剤が木内の鼻から入れられ、いろいろな角度からレントゲン写真を撮られた。弱りきった木内にとっては、過酷な検査であった。検査の疲れから、木内の意識は遠のいていった。

次に意識が戻ったとき、木内は真っ暗な中でぬかるみを這いずり回っていた。夢とは思えないような感触が手や足に残った。

「ここはどこなんだ……。なぜ俺はこんなところにいるんだ……」

頭は混乱しながらも無我夢中で泥の中でもがき、やがて疲れ果ててぐったりと横たわったとき、遠くにかすかな光がポツンとあることに気がついた。木内はその光を目指して進んだ。近づくにつれ、小さかった光は段々と大きくなり、その光が洞窟の出口であるらしいことがわかった。洞窟から外に出ると、外の世界は薄ぼんやりと明るい草原が一面に広がっていた。後ろを振り返ると、土手に大きな穴が口を開けていた。今しがた出てきたばかりの出口があった場所だ。

その外の世界も明るい場所ではなかった。ところが、空の彼方に一点だけ輝いている場所があった。木内は草原の草を踏みしめながら、その光源に向かって歩いた。

しばらく歩くと、大きな川に突き当たった。いわゆる三途《さんず》の川《かわ》だ。光源に行くには、その川を越えなければならない。川辺に生えているヨシとヨシの間にぼろぼろの木造の小舟を見つけた木内は、それに乗り込み、手で水をかきながら対岸に向かった。

●――父親の肉体に入り込む

やっとの思いで、対岸にたどり着いた木内を待っていたのは、喪服を着た見知らぬ中年女性だった。その女性は木内のことを知っているらしく、木内のところに歩み寄ると「鶴彦、お前は何をしに来たんだ」と呼びかけてきた。

木内は答えようがなくて黙っていると、その女性は「ついておいで」と言って、木内を焚き火のような光のところへ案内した。そこには三人のお年寄りと一人の青年が立っていたが、その青年の顔を見て木内は驚いた。木内が中学生のときに亡くなった仲のいい従兄弟《いとこ》だったからだ。懐かしさから、しばし世間話に花を咲かせたと、木内は言う。

しばらくすると、先ほどの中年女性が再びついて来いという。女性の後をついて丘を登ると、その向こう側には花々が咲き乱れた金色の世界が広がっていた。夢中になって丘を下りると、前を歩いていたはずの女性がいない。キョロキョロ見回しているうちに、意識は唐突に、病院のベッドに寝ている自分に戻っていた。

足元の簡易ベッドには父親が仮眠をとり、母親は木内のベッドの脇で点滴が落ちる様子をじっと見つめていた。今のは夢だったのか、それとも死ぬ間際に見るという風景だったのか。木内はそのときふと、先ほど受けた検査結果はどうなったのだろうと興味が湧き、ナースコールのボタンを押そうとした。

その時だ。それまで脈を打っていた心臓の拍動がクッと止まった。木内の異状に気がついた母親が木内の体を揺さぶりながら「死んじゃった！」と泣き叫ぶ。たしかに木内の心臓と呼吸は止まっていた。だが、意識だけは少しの断絶もなく、連続してそこに存在していた。

騒ぎで目を覚ました父親が呆然として、ベッドの足元の柵を握り締めながら、木内を見つめていた。何とかして自分が大丈夫だということを父親に伝えようと、木内は上半身を起こした。ところが父親の視線は起き上がった木内を通り越し、ベッドの枕もとのほうを見ている。おかしいなと思い木内が振り向くと、そこには生命活動を停止した自分の体が横たわっていた。

木内はパニック状態に陥った。「俺はここにいるのに、どうしてベッドの上にも俺がいるんだ！」

しかし、呼べど叫べど、父親は木内の声に反応しない。木内が耳元で叫んでみようと、父親の耳元に近づいたときだ。突然、木内の視線が父親の視線と重なった。先ほどまで見えなかった父親の鼻っ柱が視界の下のほうに見える。木内は父親の肉体に入り込み、父親の目を通して、ベッドの上の自分を見ていたのだ。

過去へアストラルトリップ

ベッドの上の木内に対して、心臓マッサージ、人工呼吸などあらゆる措置が施されているのを、肉体から抜け出した木内は奇妙な気持ちで眺めていた。木内はそのときふと、母親がいないことに気がついた。「どこへ行ったんだろう。電話でもしに行ったのかな」と思ったとき、不思議なことが起こった。次の瞬間には、公衆電話をかける母親のそばに立っていたのだ。

母親が木内の姉と電話で話しているとき、木内は兄にも自分が生きていることを知らせたいなと思ったところ、その瞬間に車を運転して病院に急ぐ兄の中にいる自分に気づいた。視線はまさに兄のものだったと、木内は言う。

木内はこの現象に興味を持った。つまり、考えるだけで空間を瞬時に移動できるわけだ。「今の自分は肉体を持たない、いわば意識だけの存在だ。もしかしたら意識だけの存在になると空間や時間の制約を受けなくなるのかもしれない」――。そう考えた木内は自分が六歳のときのある夏の日をイメージした。どうしても確かめたいことがあったのだ。

木内は六歳のとき、不思議な体験をした。姉や兄と川へ水遊びに行ったときだ。石がゴロゴロする危ない斜面を下

未来や過去への道はいく筋もあるのではないか

りていくとき、上の方から誰かの「危ない！」という声がしたので見上げると、大きな石が今にも前を歩く姉の頭上に落ちんばかりになっていた。木内はとっさに前の姉を押し倒し、その反動で木内が後ろにひっくり返ったそのとき、二人の間を大きな石が音を立てて落ちてきたのだ。突き飛ばされた姉は大きな石の下敷きにはならなかったものの、一メートルほど岩場を滑り落ち、足に怪我をしてしまった。

下の河原でその様子を見ていた木内の兄が、木内がふざけて姉を突き飛ばして怪我をさせたのだと判断。木内は必死になって「危ない」という声が聞こえたので姉を助けるために背中を押したのだと説明しても、そのような人物は見当たらず、誰にも信じてもらえなかった。木内は誰が「危ない！」と声を掛けてくれたのかを知りたかったのだ。

あの夏の日へ戻りたい——。そう念じた瞬間、木内はその幼いころの自分と姉の姿を上から見下ろしていた。しかし、近くには誰もいない。

そうこうするうちに、問題の瞬間が近づいてきた。大きな石が姉の頭上に転げ落ちそうになるその瞬間、未来からやってきた木内は思わず「危ない！」と叫んでいた。その瞬間、幼い木内は自分の方をパッと振り向き、次に姉の背中を押していた。あの声の主は自分であったのだ。

未来は複数あった

過去から再び現在の病室に戻った木内は考えた。過去に行くことができたのだから、未来へも行くことができるはずだ、と。だが、過去と違って未来となると具体的に思い浮かべられるような記憶はない。そこで木内はとりあえず、「未来」ということだけを強く念じてみた。

すると木内は、畳が敷き詰められた大広間のようなところに出た。そこには中年の男性が三〇人ほどの若者を相手に、なにやら話をしていた。その中年男に近づいて顔をのぞきこむと、老けてはいたが、間違いなく自分の顔であった。未来の木内は、天文の話を中心に地球環境の大切さを訴えていた（一八年後の一九九四年に木内は、実際にこれと同じ状況を体験した）。

木内の胸には、漠然としてはいたが、希望が生まれた。中年の自分が存在しているということは、このまま死なずにすむかもしれないからだ。その期待を胸に抱きながら、木内はもっと先の未来を強く思った。

現われたのは、初老の木内であった。しかし風景は、変わっていた。先ほどまでのように鮮明ではなく、ぼやけている。というより、「二つの情景が、まるで二重露出のようにダブったものでした」と木内は言う。

その二つの情景には強弱があったと、木内は説明する。「主となって見えたのは、砂漠のように荒れ果てた大地で廃墟の石に腰をかけ愕然《がくぜん》としている私でした。なぜ廃墟になってしまったのか理由はわかりません。ただ、山には木が一本もなく、廃墟の周りには多くの人たちが倒れていることだけがわかるのです」

ではもう一つの情景とはどんなものだったのか。

「廃墟のビジョンよりさらに不鮮明なものでしたが、緑の多い場所で星を見ている私でした」「二つのビジョンが同時刻の同じ場所だということは、私の容貌と空の星の輝きが教えてくれていました」

木内の体験は大変に興味深い。同時刻に二つの未来が存在することになる。おそらくこれは、未来が決まっていないことの裏返しなのであろう。その時点における、より発生確率の高い未来と、発生確率の低い未来がある。どうなるかはまだ決まっていないのだ。

木内が見た未来のどちらが、本当に実現する世界なのだろうか。廃墟なのか、緑豊かな世界なのか。真実はまだわからない。しかし、この二重の、半ば漠然とした未来から断言できることがある。私たちの未来は私たちが決めることができるということが、疑いのない事実だということだ。

あとがきにかえて――筆者自身による不思議な体験

●――四次元の影像

この本「不思議な世界の歩き方」のなかでは私自身の体験はあまり触れなかったので、私が体験した不思議な現象をいくつか紹介しよう。といっても、私はいわゆる霊能力者でも超能力者でもないので、それほど突飛な体験はしていない。

思い出すのは、小学生のころ。私の通っていた学校は変わっていて、舞踊という授業があった。なんのことはない、音楽に合わせて踊ればいいだけだが、私は何しろ体を動かすのが大好きだったので、体育の時間と同様にいつも楽しみにしていた。

あるとき、舞踊の時間の最後五分を使って、ゲームをやることになった。すぐ近くの人とじゃんけんをして、負けた人は勝った人の後ろに付くという単純なゲームだ。勝てば勝つほど、後ろにできる列は蛇のように長くなる。

いざ、じゃんけんというときになって、その現象が起きた。何気なく、相手が何を出すのかなとボーッとしていると、目の右上の部分、もしくは相手の左上方辺りに影像が現われるのだ。その影像は相手がじゃんけんで何を出すかを教えているのではないかと直感的にわかった。じゃんけんをする。すると、その影像どおりの結果となった。

これは面白いぞ、と二回目の相手にも試してみた。やはり影像が浮かぶ。結果は私の勝ちだ。しかし、ここで落とし穴があった。有頂天になった私は、次も見てやろう、勝ってやろう、と欲が出すぎたようだった。影像が浮かばない。

時間がなかったので、いい加減にじゃんけんをしたら、たまたま引き分けだった。もう一度、初心に返ってボーっとしてみた。今度は影像が浮かぶ。それ以降は、引き分けもない快進撃だ。相手が何を出すのかわかってしまうので、私の後ろに続く列はドンドン長くなる。列の長いもの同士でやった最後の決勝戦も一回で勝ち、ゲームの勝者になった。

このことを親しい友人に話したが、誰も信じてくれなかった。私には確信があったが、その後じゃんけんゲームはやらなかったので、次第に私も友達も、そのことは話題にしなくなった。私自身もそれ以来、そのような影像を見たことはない。

最近、江原啓之の霊視がテレビなどで話題になっているが、なるほどと思うのは、江原が霊視するときに相手の上のほうに守護霊などの影像が見えると話していることだ。秋山眞人も上の方に、そうした霊のようなものを見ることがあると言う。私が見た影像も相手の左上方に見えた。物理的に上方に現われるのかどうか定かではないが、人間の脳の近くに影像が現われるというものは普遍なのかな、とも思えてくる。

不思議な夢1

妙に印象に残る夢は、誰でも経験があるだろう。私の場合はペルーのクスコという異国の地で見たこともあり、今でも鮮明に記憶に残っている。それは本当に奇妙な夢であった。クスコは、ご存知のように古代インカの首都であった。当時の神聖な巨石建造物はスペイン人によって教会に改造されるなど、ずいぶん破壊されてしまったが、それでも市内のあちこちや周辺では当時の面影をしのばせる巨石建造物がそのまま残されている。空中都市とも呼ばれるマチュピチュ観光の重要な基地でもある。

私は見知らぬ街に来ると、好奇心からつい興奮して歩き回ってしまう。クスコに着いたときも例外ではなく、ホテルにチェックインするや、夕食までに二時間ほど時間があったので、すぐに外出。二時間たっぷり歩き回り、クスコの街の雰囲気を味わった。

しかし、これが間違いだった。クスコの標高は三四〇〇メートル、周囲の山地は四〇〇〇メートルもある。リマのような平地から三〇〇〇メートルを超える高原に着いたときは、酸素（空気）が薄いことによって起こる高山病に気をつける必要があったのだ。動き回れば、それだけ酸素を消費、酸素不足となる。

私は最初すごく調子が良かったので、かなり活発に動き回っていたようだ。案の定、ホテルに戻るとすぐに、頭が割れるように痛くなった。水分を大量に補給すればいいと聞いたので、マテ茶をガブガブと飲んだが、一向に症状はよくならない。

食事を済ませ、部屋に戻っても、頭は痛いままだ。これは困った。横になって深呼吸を何度もしてみた。少しはよくなるが、しばらくするとまた、頭の中が響く。とっておきのマントラを唱えると、やはりしばらくよくなるが、ほどなく頭痛が再襲来する。

それでも休まなければならないので、頭痛と闘いながらも、うとうとしていると、やがて半眠半覚醒状態で夢を見た。

赤い色の民族衣装を着た子供たちが突如、現われた。彼らは古代インカ人のようであった。おそらく女の子なのか、おかっぱのような髪型をしている。やがて彼らは、私が休んでいるホテルの部屋の周りをぐるぐると回り始めた。初めは、座敷童子みたいだな、などと面白がっていたが、その赤い服を着たインカの子供たちが走り回れば回るほど、頭が痛くなることに気がついた。

私の意識というか視点は、部屋の上空から部屋で横になっている自分と部屋の周りを走り回っているインカ人たちを見下ろしている状況だ。もちろん夢の中なので、自由自在に視点を変えることができる。見ようと思えば、インカ人の顔をまじまじと見ることもできた。

さて、困ったのは、この赤いインカ人たちが走ることによって生じる私の頭痛だ。夢であろうと、痛みは容赦しない。だが、悪意があって、そのインカ人たちが走り回っているようには思えない。なにか楽しくてしょうがないから走っているようだ。

どのくらい、その頭痛と闘っただろうか。やがて、インカ人たちの中に青色の民族衣装を身にまとった子供たちがいることに気がついた。彼らは部屋の周りの廊下の隅に静かに座っている。私の意識がその青いインカ人に向かうと、それまで暴れ回っていた赤いインカ人の子供たちはいずこかへと消え去ってしまった。

おや、と半眠半覚醒状態の夢の中で不思議がっていると、頭が痛くなくなっている。ああ、これで頭痛から解放された、と安心して、夢の中の私は眠りについた。翌朝、起きたときには、昨日の頭痛は跡形もなく、消えていた。

●――不思議な夢2

夢の中では、いろいろと不思議な体験ができるので面白い。とにかく物理的障害があろうとも、見たいなと思うものがすぐ目の前に現われる。このメカニズムを使えば、千里眼にも簡単になれるだろう。

私はＵＦＯを一度も見たことがない。二〇年以上も前、有志五、六人と夜、富山県の尖《とんがり》山《やま》に登ってＵＦＯを呼んでみたことはあるが、日ごろの行ないが悪いせいか、途中で雨に降られてしまい、ＵＦＯを目撃するどころか、ずぶ濡れになってしまった。

それでも、夢の中では鮮明にＵＦＯを見たことがある。ＵＦＯを目撃したと報じられた山の中の村落に、私が取材に行き、村人にそのときの様子を聞いているという夢であった。場所はどこだか、よくわからない。スイスの山奥のような気もするし、アンデスの山中のようでもある。あるいは日本の山村であったかもしれない。村人たちも外国人が出てきたと思うと、日本人らしき人も出てくる。

ようやく、目撃者を知っているという人にたどり着く。あご髭をはやした初老の男性であった。その男性は、はるか遠くの谷合いにある村を指して、「あそこにいる人たちが目撃したのだよ」と教えてくれた。私が指差した方向にある村を見ると、おそらく数キロも離れた村なのに、まるで数十メートル先の村のように拡大されて見える。村の中を歩いている人の顔まではっきり見えるのだから、夢の中とはいえ、この千里眼の能力は非常に便利だ。

次の瞬間にはその村に移動して、村人から目撃談を聞いている。つまりテレポーテーションが夢の中ではできるわけだ。村の人たちにＵＦＯの様子などを聞く。すると、夢の中では次のような能力が発揮される。村人の話に合わせて、ＵＦＯを目撃した過去へと飛ぶことができるのだ。これはタイムトラベルの能力といえる。

私が過去へと一瞬で飛ぶと、確かに地上から二、三〇メートルほどの上空にＵＦＯが浮かんでいる。銀色に輝く円盤型のＵＦＯだ。直径は一〇メートルぐらいあるだろう。もちろん私が見ているのは、過去の影像である。もっとよく見てやろうと意識をＵＦＯに向けた瞬間であった。ＵＦＯはピカッとまばゆいばかりに光ったかと思うと、私の夢の中の意識はそこで途絶えてしまった。

夢の続きは何だったのか。今でもわからないままだ。

目を閉じると見える世界１

目を開けていると見えないが、目を閉じると見える世界がある。別にナゾナゾ遊びをしているわけではない。私には、目をつぶると必ず見えるものがある。目を閉じれば真っ暗になるだけだと言う人もいるかもしれないが、注意深く見れば無数の粒子のようなものが見えるはずだ。

子供のころ、大人にそのことを言っても、信じてもらえなかった。小学校の理科の先生にたずねても、目のゴミだろうと言われるのが関の山だった。友達に聞くと、見える人と見えない人がいるという。なぜ、このようにはっきりしたものが見えないのか。私は首をかしげるばかりだった。

見たことがない人のために、どのような粒子なのか説明すると、直径一ミリもないような無数の丸い粒子が、目をつぶった「視界」一杯に広がっている。粒子と粒子の間は等間隔、私の感覚では一センチ四方に二〇個以上あるから、数百個、いや数千個以上あるかもしれない。その粒子群はただ、その場に留まっているだけではない。すべての粒子は、海の中の小魚の大群のように、一斉に右に動いたり、左に動いたり、斜め上方に動いたり、下方に動いたり、一糸みだれることなく絶えず流れるように動いている。

面白いのは、スピードが変わることだ。スピードが速くなると赤くなり、スピードが落ちると青くなる。少なくとも、そのように見える。クスコで見た夢の中でも、走り回るインカ人は赤く、座っているインカ人が青かったことから、スピードと色には関連がありそうだ。

調べてみると、ドップラー効果により、光を発している物体が私たちの方へ近づいていれば光のスペクトルは青い方へずれ、遠ざかっていれば赤い方へずれるという現象（光のドップラー偏移）が起こるという。粒子が赤くなるということは、私から遠ざかっていることを意味しているのか。逆に粒子が青いときは、近づいているのだろうか。

ところが、よく観察してみると、必ずしもそうでないことがわかる。純粋に早く動くと赤く、遅くなると青になるようだ。このメカニズムについてはよくわからない。

さらに面白いのは、この粒子群が存在するのは、立体的な世界、つまり三次元世界ではなく、平面の世界（二次元世界）に存在するということだ。粒子群は私から遠ざかることはない。私の「視界」の平面上を行ったり来たりするだけ。このため私は、これらの粒子が目の表層の細胞と関係あるのかとも推測した。あるいは網膜の表面を流れる液体状の粒子であるかもしれないと考えた。

ただ、そのように考えても、まだ説明しきれない部分が多くあることもわかってきた。どういうことかと言うと、その粒子群は目の動きと関係なく、動くということだ。何か規則性があるわけでもなさそうで、右に行ったり左に行ったりする。不思議なことに、右に動けと念じると、すぐ右に動き出し、左に動けと念じると急に左に動き出すこともある。なにか意識と連動する粒子である可能性もある。

結局、現在に至るまで、この現象を明確に説明した人を知らない。これを見る人がどれだけいるのか、いないのか、それすらわかっていない。

目を閉じると見える世界2

私には目をつぶると見える世界がもう一つある。それは意識的に見る夢のようなものである。想像して見る映像とどう違うのか、と問われれば、答えは簡単。夢と同じで次がどうなるかわからないことである。

つまり無意識にゆだねて、その動画を見るわけだ。もちろん意識ははっきりとしており、夢ではない。深くリラックスして（多分アルファ波を出して）、人間の第三の目のある辺りに意識を集中する。いつも成功するわけではないが、しばらくすると映画のような動画が見えてくる。

ストーリー性はほとんどないようだが、細部までが極めてリアルだ。何か乗物に乗っているのか、周りの風景が飛ぶように動く場合もある。見たこともないような風景だ。本当に乗物に乗って旅をしている気分になる。ただし、旅をしているのは視覚だけで、嗅覚や聴覚、触覚はない。

この現象については、二つの解釈ができると思う。一つは、脳に記憶されたかつての影像が喚起されたとの考え。おそらく人間の脳は、それまでに見た画像をストックしておくような保管庫を持っているのだろう。その容量はスーパーコンピュータをもはるかにしのぐもので、ほぼ無限にストックできる。ただ、意識下にその画像情報を置いておくと、収拾がつかなくなるので、無意識下のどこかに保存しておく。それが瞑想状態になることにより、どうしたきっかけか、意識下に呼び出される。

もう一つの解釈はユング的だが、瞑想することにより、集合的無意識の世界にアクセスして映像を見ているのだというもの。他人が見ている映像だろうとなんだろうと、視覚が捉えることができる、宇宙にあるすべての影像にアクセスできる。脳はその受信機であり、あとは、どのような周波数にその受信機を合わせることができるかにより、見る映像が違ってくるわけだ。

私にはどちらの解釈も成り立つように思うが、必ずしも記憶のなかの情報ではないと思えるような影像も見たことがある。いつものように遊び感覚で、意識的に脳の中の影像をスキャンしていると、ある人物がいることに気がついた。その人は長い髪の女の人で、見たこともないような雰囲気を持っていた（もちろんどこかで遭遇した人である可能性も残っている）。

問題は、私がその女性に気づいたと同時に、向こうも私の存在に気づいたと思われたことだ。最初はその女の人は後ろ向きであった。しかし、私の存在に気づき、明らかにこちらに振り返ろうとしているところだった。横顔が見えた。まだ、目は合っていない。そのとき私は、なぜか「まずい」と感じた。目と目が合うと、私がどこにいるかがその女性にわかってしまう、との焦りに似た感覚があった。その間にも女性は、こちらを向こうとしている。もう目と目が合うと思った瞬間、私は目を開けてその影像をかき消していた。

あのまま目をつむっていれば、確実にその女性と目が合ったであろう。それがどういう結果につながったのか。知りたいようでもあり、知りたくないようでもある。

精神が世界をつくる

私は顔を変えたことがある。といっても整形手術をしたわけではない。精神の力で変えたのだ。

まさかと思う方もいるだろうが、実はこれは誰でも無意識のうちにやっていることである。苦労やストレスは顔に出るし、穏やかな心は、顔を穏やかにするではないか。ウソばかりつく政治家が醜悪な顔になるのと同様なメカニズムだ。私はそれを意識的にやっただけで、別にたいしたことではない。

それは私がまだ、中学生のときだった。友人に裏切られ、私は極度の人間不信に陥った。すべてを疑いの目で見るため、誰も信じられなくなり、ひたすら孤立していった。

あるとき、ふと鏡の前で、自分の顔をまじまじと見た。何ということか。鏡に映し出された自分の顔は、それまで見たことがないほどいびつになっていた。対称性が失われ、歪《ゆが》んで醜く見えた。

「これはひどい。病んだ精神がこれほどまでに自分の顔を歪めるとは！」——。私はかなりショックを受け、打ちひしがれた。

それからである。私は顔を変えることにした。不思議なことに、私はそれができると確信していた。病んだ精神が顔を変えるのだから、健全な精神をもってすれば、また顔は変わるはずだ、と考えたのだ。猜疑心、不信感、憎悪などの私が持っていたマイナスの感情を、すべての可能性を信じることにより、信頼、愛情、寛容などのプラスの感情にできるだけ変えていった。

今から思うと、一種の自己催眠であったのではないかと思う。悩みはほとんどなくなり、ストレスにも強くなった。ストレスがあっても、自分を客観視（ストレスに悩む自分を観察）して、まさに客観的に楽しむようにした。予想通りに私の顔は、再び元の自分の顔へと戻っていった（そして、自己催眠が効きすぎたのか、今でも童顔のままである）。

人間の苦労は顔に出てしまう。これは誰もが認めるはずだ。しかし、同じストレスがあったとしても、ストレスに苦しみ、その苦労が顔に出てしまう人もいれば、ストレスをプラスに考え、苦労とも思わない人もいる。これが結局、顔を変えることにつながる。ストレスに負ければ、中学時代の私のように顔が歪む。額の皺《しわ》の刻印は深くなり、実際の年齢よりも老けて見えるようになるだろう。

だが視点や意識を変えることにより、ストレスは、ある程度の緊張をもたらすだろうが、苦労にはならなくなる。同じ年月を経ても、一人は老人のように、もう一人は若々しく見えてしまうのはそのためだ。

すべては人間の意識が決めるものである。あなたの意識が決まれば、肉体や物質はそれに従うのだ。意識（精神）はおそらく、あなたの世界の統治者である。あなたはこれから、どのような世界をつくろうとするのだろうか。
これまで多くの超能力者や霊能力者を紹介した。彼らは不思議な世界を旅する冒険家たちである。しかし、実はあなたこそ、この深遠にして不思議にあふれた世界の主役であり、かけがえのない「神の旅人」でもあるのだ。

（了）

◉参考文献

秋山眞人・坂本貢一『優しい宇宙人』求龍堂　二〇〇〇年◉秋山眞人『私は宇宙人と出会った』ごま書房　一九九七年◉秋山眞人『潜在能力開発法』ごま書房　二〇〇〇年◉秋山眞人『語りあかそう超能力』三交社　一九九〇年◉金井南龍ほか『神々の黙示録』徳間書店　一九八五年◉木内鶴彦『生き方は星空が教えてくれる』サンマーク出版　二〇〇三年◉北川恵子・アーリオーン『光の黙示録』大陸書房　一九八八年◉北川恵子『光よりの光、オリオンの神の座より来たりて伝える。』南雲堂　一九九〇年◉清田益章・宮内勝典『サイキの海へ』めるくまーる　一九八六年◉清田益章『悪の超能力』オーエス出版　一九八九年◉久保田八郎『UFO contactee　九五〜九八』日本GAP　一九八六年◉久保田八郎『UFO・遭遇と真実』中央アート出版　一九九二年◉立花隆『立花隆の証言・臨死体験』文春文庫　二〇〇一年◉都竹昭雄『飛騨の霊峰位山』今日の話題社　二〇〇三年◉堤裕司『驚異のダウジング』太田出版　一九九二年◉中沢新一『精霊の王』講談社　二〇〇四年◉中沢新一『チベットのモーツァルト』講談社学術文庫　二〇〇三年◉西丸震哉『山とお化けと自然界』中公文庫　一九九〇年◉西丸震哉『西丸震哉の日本百山』実業之日本社　一九九八年◉日本ラグビー狂会『ラグビー・ルネッサンス』双葉社　二〇〇四年◉日笠雅子編『超能力野郎』扶桑社　一九八八年◉布施泰和『竹内文書』の謎を解く』成甲書房　二〇〇三年◉政木和三『この世に不可能はない』サンマーク出版　一九九七年◉政木和三『精神文明と奇跡』日新社　一九八二年◉政木和三『驚異の超科学が実証された』広済堂　一九九三年◉宮城音弥『超能力の世界』岩波新書　一九八五年◉森達也『職業欄はエスパー』角川文庫　二〇〇二年◉横尾忠則『私と直感と宇宙人』文春文庫　一九九七年◉横尾忠則『導かれて、旅』文春文庫　一九九五年◉横尾忠則『見えるものと観えないもの』筑摩書房　一九九七年◉横尾忠則『芸術は恋愛だ』ＰＨＰ研究所　一九九二年◉横尾忠則『ＵＦＯ革命』晶文社　一九七九年◉渡辺豊和『発光するアトランティス』人文書院　一九九一年◉アートライン・プロジェクト『アーリオーン・メッセージ』徳間書店　一九九六年◉Ｅ・Ｂ・アンドレーエヴァ『失われた大陸』岩波新書　一九六三年◉ジェニファー・ウエストウッド『失われたアトランティス』主婦と生活社　一九九八年◉ニール・ドナルド・ウォルシュ『神との対話3』サンマーク出版　一九九九年◉マリー・エレン・カーター『エドガー・ケイシーの予言』たま出版　一九八六年◉ダニエル・キース『24人のビリー・ミリガン（上下）』早川書房　一九九九年◉エドガー・エバンス・ケイシー『アトランティス大陸』大陸書房　一九八七年◉N・F・ジロフ『アトランチス大陸研究』大陸書房　一九七二年◉エマニュエル・スウェデンボルグ『霊界からの手記』経済界　一九八六年◉イマヌエル（エマニュエル）・スウェデンボルグ『宇宙間の諸地球』静思社　一九八四年◉イアン・スティーヴンソン『前世を記憶する子どもたち』日本教文社　一九九〇年◉エンリケ・バリオス『宇宙人アミ』徳間書店　一九九五年◉ロビン・ラーセン『エマヌエル・スウェーデンボルグ』春秋社　一九九二年◉ジェムズ・レイヴァー『預言者ノストラダムス』小学館文庫　一九九九年◉ブライアン・ワイス『前世療法』ＰＨＰ研究所　一九九六年◉日経サイエンス社「サイエンス（日本版）」一九八八年九月号◉ウィークリー「エンマ」No.46　一九八七年一月一四日号

◉著者について

布施泰和（ふせ やすかず）

ジャーナリスト。1958年東京生まれ。英国・ケント大学留学を経て、国際基督教大学教養学部卒業。1982年に共同通信社に入り、富山支局在勤中の1984年、「日本のピラミッド」の存在をスクープ、巨石ブームの火付け役となる。その後、金融証券部、経済部記者などを経て、1996年に退社して渡米。ハーバード大学ケネディ行政大学院とジョンズ・ホプキンズ大学高等国際問題研究大学院に学び、行政学修士号と国際公共政策学修士号をそれぞれ取得。専門は国際政治・経済とメディア論だが、世界の巨石遺構探査や、古代史、精神世界など幅広い研究・取材活動を続けている。著書に『「竹内文書」の謎を解く』（小社刊）、『ジョン・F・ケネディ暗殺の動機』（近代文芸社刊）がある。

著者ホームページ: www.h7.dion.ne.jp/~fuse/

超能力者《ちょうのうりょくしゃ》・霊能力者《れいのうりょくしゃ》に学《まな》ぶ

不思議《ふしぎ》な世界《せかい》の歩《ある》き方《かた》

◉著者

布施《ふせ》泰和《やすかず》

◉発行日

初版第1刷　2005年8月25日

◉発行者

田中亮介

◉発行所

株式会社 成甲書房

郵便番号101-0051
東京都千代田区神田神保町1-42
振替00160-9-85784
電話 03(3295)1687
E-MAIL mail@seikoshobo.co.jp
URL http://www.seikoshobo.co.jp

◉印刷・製本

中央精版印刷 株式会社

Printed in Japan, 2005
ISBN4-88086-186-3